Anorexie – Wenn Hunger zur Sucht wird

Anorexie – Wenn Hunger zur Sucht wird

Anorexie

Wenn Hunger zur Sucht wird

Maturaarbeit

Emilia Meier

Bibliografische Information der Deutschen Nationalbibliothek: Die Deutsche Nationalbibliothek verzeichnet diese Publikation in der Deutschen Nationalbibliografie; detaillierte bibliografische Daten sind im Internet über http://dnb.dnb.de abrufbar.

Covergestaltung: Emilia Meier

Verlag: BoD · Books on Demand GmbH, In de Tarpen 42, 22848 Norderstedt
Druck: Libri Plureos GmbH, Friedensallee 273, 22763 Hamburg

ISBN: 978-3-7597-8312-7

Aus Datenschutzgründen wurden alle Namen geändert

Anorexie – Wenn Hunger zur Sucht wird

Inhalt

Prolog

Ich war 15 und ich war süchtig. Doch nicht nach Zigaretten oder Alkohol, wie vielleicht Andere in meinem Alter. Nein, ich war süchtig nach Hunger. Ich war süchtig danach zu hungern, ich war süchtig danach nichts zu essen, süchtig danach abzunehmen. Ich hatte Anorexia Nervosa, besser bekannt als Magersucht.

In diesem Buch erzähle ich meine Geschichte, meinen Kampf gegen die Anorexie, ergänzt mit medizinischen Einschüben. Ich beschreibe meine Erfahrungen, die ich gemacht habe, und versuche gleichzeitig, die Anorexie als Krankheit etwas verallgemeinert zu erklären.

Leider wird Anorexie oftmals nicht ernst genommen. Sie wird als «Teenie-Krankheit» angesehen und muss vielen Vorurteilen standhalten. In diesem Buch möchte ich versuchen, Anorexie zu erklären. Ich möchte zeigen, dass mehr dahintersteckt als einfach nur nichts essen zu wollen und dass mit Kommentaren wie «iss doch mal einen Burger» einfach nicht geholfen ist. Mir ist bewusst, dass ich damit die Welt nicht verändern kann. Es werden danach noch genauso viele Menschen auf diesem Planeten umherstolzieren, die meinen über alles Bescheid zu wissen, und es wird auch nachher leider noch genau gleich viele Betroffene geben. Trotzdem bin ich davon überzeugt, dass es ein Schritt in die richtige Richtung ist.

Ein weiterer Grund für das Schreiben dieses Buches ist, dass ich Betroffenen und ihren Angehörigen etwas Mut machen will.

Leider reden nur sehr wenige Betroffene offen über ihre Krankheit, obwohl es so wichtig wäre. Vielleicht wird irgendjemand irgendwann mal diese Zeilen lesen und sich dadurch etwas ermutigt fühlen, weiterzukämpfen, auch wenn die Situation im Moment noch so hoffnungslos scheint.

Zuletzt ist dies auch einfach eine Verarbeitung für mich ganz persönlich. Es fiel mir schon immer leichter, Dinge aufzuschreiben, anstatt diese auszusprechen, und hiermit habe ich die Gelegenheit, alles aufzuschreiben und vollständig mit allem abzuschliessen.

Leben ohne Anorexie

Um die Krankheit am besten beschreiben zu können, möchte ich mich zuerst in einem absolut gesunden Zustand beschreiben. Dazu fällt mir folgendes Beispiel ein:

In der zweiten Klasse der Kanti beschäftigten wir uns im Biologieunterricht ein ganzes Jahr lang mit dem Thema «Mensch». Gegen Ende des Jahres behandelten wir einen Themenblock, in dem es unter anderem auch um Essstörungen ging. Wir machten einen Selbsttest, in dem wir Fragen zum Thema beantworten sollten, um zu sehen, ob wir vielleicht einige Symptome aufweisen. Ich kann mich nicht mehr sehr gut an den Fragebogen erinnern, ich weiss nur noch, dass eine Frage «Wenn ich Hunger habe, esse ich» lautete. Ich weiss noch, dass ich mich fast totgelacht habe, weil ich mir beim besten Willen nicht vorstellen konnte, dass irgendjemand nicht isst, wenn er oder sie Hunger hat. Ich habe darüber Scherze gemacht und, um ehrlich zu sein, habe ich genau mit diesen Vorurteilen gedacht, die ich oben beschrieben habe. Wenn ich jetzt darüber nachdenke, habe ich ein ziemlich schlechtes Gewissen. Hätte ich damals gewusst, was in den nächsten Jahren auf mich zukommt, hätte ich bestimmt anders gedacht.

Ansonsten gibt es über mich vor der Krankheit nicht so viel zu erzählen. Ich war stets ein sehr aktives, gut gelauntes Kind, das es hasste, nichts zu tun. Ich spielte und spiele immer noch Fussball und habe auch sonst viel Freude an der Bewegung.

Der erste Entschluss

Wie jedes Jahr in den Fasnachtsferien fuhren wir auch im Februar 2022 in die Skiferien und wie jedes Jahr freute ich mich riesig darauf. Nach dem Fussballtraining am Abend zuvor fuhr ich schnell nach Hause und wollte früh schlafen gehen, damit ich am nächsten Morgen auch ausgeruht bin. Doch schon während dem Training begannen meine Augen zu brennen und als ich zu Hause war, wurde es noch schlimmer. Ich dachte, es läge an den Kontaktlinsen, welche ich eigentlich immer trug, und nahm sie raus. Doch anstatt besser wurde das Brennen in den Augen immer schlimmer und schon bald konnte ich die Augen weder offen noch geschlossen halten. Einzuschlafen war unmöglich.

Wie es der Zufall so wollte, hatten wir genau an diesem Abend keine Augentropfen zu Hause und die Apotheke hatte bereits geschlossen. Also hatten meine Mutter und ich keine andere Wahl als gegen 23:00 Uhr ins Krankenhaus zu fahren. Obwohl ich schlussendlich nur eine leichte Augenentzündung hatte, mussten wir über die Notaufnahme, wo wir eine Stunde warteten, bis ich meine Augentropfen bekam.

Was ich aber eigentlich erwähnen sollte, ist viel weniger die Wartezeit und die Augenentzündung und viel mehr damit verbundenen Untersuchungen. Bevor die Ärztin mir nämlich die Augentropfen gab, musste ich Grösse und Gewicht angeben, einfach aus Routine. Da ich mich bis anhin nie damit beschäftigt hatte, wusste ich mein Gewicht nicht auswendig und musste mich deshalb kurz wägen. 67.1 Kilogramm!

Natürlich war es Abend und da es Winter war, trug ich auch ziemlich viele Kleider. Trotzdem haute mich dieses Gewicht fast um. Ich fand es einfach viel zu schwer, richtig fett, absolut nicht aushaltbar. Ich weiss, wenn man dieses Gewicht zusammen mit meiner Körpergrösse von 1.75 m anschaut, liegt es absolut im Normalbereich Doch für mich war es in diesem Moment sehr schlimm. Ich versuchte mir nichts anmerken zu lassen, doch innerlich fasste ich in diesem Moment den Entschluss, abzunehmen.

Ich würde allerdings nicht sagen, dass dieser Tag der Anfang der Anorexie war, denn ich wollte damals nur so drei, vier oder höchstens fünf Kilogramm an Gewicht verlieren und auf keinen Fall so wenig essen, dass mir die Kraft für mein tägliches Leben fehlt. Doch daraus wurde leider nichts.

Den Start einer Anorexie zu definieren ist sehr schwierig oder gar unmöglich. Wann ist es nur eine Diät und wann ist es eine Krankheit? Für mich beginnt Anorexie dann, wenn die Gedanken über das eigene Gewicht und das Essverhalten, über die eigentlichen Esssituationen hinausgehen. Das heisst, wenn sich die Gedanken beinahe rund um die Uhr ums Essen drehen. Man beginnt, sich den ganzen Tag auszurechnen, wie viel man noch essen darf, zählt Kalorien und hat ein schlechtes Gewissen, wenn man mal etwas mehr gegessen hat, als der eigene «Kalorienspiegel» erlaubt.

Was ist Anorexie?

Mit der Frage, was Anorexie genau ist, haben sich natürlich schon viele Menschen beschäftigt. Zum Beispiel definiert die deutsche Bundeszentrale für gesundheitliche Aufklärungen, die BZgA-Essstörungen, Anorexie wie folgt:

«Die Magersucht wird auch Anorexie oder Anorexia nervosa genannt. Sie ist eine schwerwiegende und meist sehr langwierige Erkrankung, die unbedingt behandelt werden muss. Typisch für die Magersucht ist, dass Betroffene häufig auffallend dünn sind bzw. stark an Gewicht verlieren. Sie selbst nehmen sich jedoch als unförmig und dick wahr. Aus Angst vor einer Gewichtszunahme schränken sie sich beim Essen immer mehr ein und nehmen daher weiter ab.»

Darin wird klar und deutlich aufgezeigt, wie gefährlich Anorexie ist, und es wird betont, dass sie unbedingt behandelt werden muss. Weiter wird das Problem der körperdysmorphen Störung, also die falsche Wahrnehmung des eigenen Körpers, angesprochen, auf welches später noch genauer eingegangen wird. Zum Schluss wird auch noch erläutert, was die Folgen von unter anderem dieser körperdysmorphen Störung sind, nämlich die Einschränkung beim Essen oder der starke Gewichtsverlust.

Weiter definiert das Universitätsspital Zürich genauer, ab welchem Untergewicht bei einer Person genau von Anorexie gesprochen wird.

«Eine Magersucht liegt vor, wenn das Körpergewicht mindestens 15 Prozent unter dem für die Körpergrösse und Alter gesunden Gewicht liegt. Der Body Mass-Indes (BMI) liegt bei 17,5 Kilogramm/m² oder darunter. Der BMI wird berechnet aus dem Körpergewicht (Kilogramm) geteilt durch das Quadrat der Körpergrösse (m²)»

Dies sind allerdings nur numerische Fakten, welche wenig mit der Krankheit an sich zu tun haben. Anorexie hat zwar starke körperliche Auswirkungen, ist jedoch trotzdem eine psychische Krankheit und kann deshalb nur sehr schlecht in Zahlen ausgedrückt werden.

Zum Schluss erklärt das Merck Manual of Diagnosis and Therapy, das MSDManual noch, welche Personengruppen besonders von Anorexie betroffen sind.

«Die Störung beginnt meistens im Jugend- oder jungen Erwachsenenalter, in seltenen Fällen vor der Pubertät oder nach dem 40. Lebensjahr. Bis zu 4 Prozent der Frauen entwickeln im Laufe ihres Lebens möglicherweise eine Anorexia nervosa. Anorexia nervosa tritt bei Jungen und Männern seltener auf.»

Dies sind zwar alles zutreffende Fakten, es ist allerdings wichtig zu erwähnen, dass ALLE Menschen Anorexie bekommen können. Anorexie ist NICHT genetisch vererbbar oder ansteckend. Es ist auch nicht so, dass nur Mädchen oder Frauen oder nur Teenies diese Krankheit bekommen können. Jede und jeder kann Anorexie bekommen und deshalb ist es umso wichtiger, sich mit der Krankheit auseinanderzusetzen, um eben genau das zu vermeiden.

Aus «Option» wird «Sucht»

Nachdem ich also den Entschluss fasste, etwas an Gewicht zu verlieren, fiel es mir zuerst ziemlich schwer. Ich kannte mich mit Nahrungsmitteln nicht aus und hatte absolut keine Ahnung über den Kaloriengehalt von verschiedenen Lebensmitteln. Ich dachte allerdings, dass es eine gute Idee ist, weniger Süssigkeiten zu essen, denn vor allem Schokolade war immer sehr gut in meinem Menüplan vertreten. Ebenso versuchte ich mich auf die Hauptmahlzeiten zu beschränken und nicht zwischendurch noch zu essen. Weniger zu essen war für mich allerdings eine Option und keine Pflicht. Ich war stolz auf mich, wenn ich mal einen Tag etwas weniger ass, aber es war nicht so, dass ich mich schlecht fühlte, wenn ich mal wieder viel ass. Ich ass auch immer noch genug, um mit genügend Energie durch den Tag zu kommen, man merkte mir von aussen nichts an und ich musste auch nicht hungern.

So weit lag also alles im grünen Bereich. Ich setzte meinen Plan ziemlich gut um und nahm auch ein wenig ab. Allerdings ging mir dies bald viel zu langsam, denn in den ersten rund sechs Wochen verlor ich gerade mal ein Kilogramm. Um das Ganze etwas zu beschleunigen, versuchte ich jetzt auch während den Hauptmahlzeiten etwas kleinere Portionen zu essen. Vor allem das Frühstück wurde beträchtlich gekürzt. Aus drei oder sogar vier Stück Toast mit Butter und einem grossen Glas Organgensaft wurden eine kleine Schüssel Haferflocken mit einem Schluck Milch, dazu ein Glas Wasser. Dies war auch der Moment in dem meine Eltern, vor allem meine Mutter, zum ersten Mal auf mein aussergewöhnliches Essverhalten aufmerksam wurden. Doch ich konnte sie gut beruhigen, indem ich sagte, dass ich mal etwas Neues ausprobieren will, und meine Eltern akzeptierten es. Sie dachten, dass es in meinem Alter normal sei, dass man etwas Neues ausprobieren will, was es ja eigentlich auch ist. Immerhin war ich voll in der Pubertät. Dazu kam auch, dass ich zu dieser Zeit sowieso gerne neue Dinge ausprobierte, etwa trug ich etwas andere Kleidung oder begann so langsam damit, am Abend auszugehen.

So begann ich also weniger zu essen, was dazu führte, dass ich oft Hunger hatte und deshalb doch noch etwas mehr ass. Vor allem am Abend, wenn ich mit meiner Familie zu Abend ass und diese auch noch am Essen waren. Dem versuchte ich entgegenzuwirken, indem ich oft direkt nach dem Essen einen Kaugummi in den Mund nahm oder Zähne putzen ging. Diese Strategien funktionierten allerdings nur bedingt. Ich begann jetzt auch, nach dem Essen ein schlechtes Gewissen zu haben und dachte, dass dies viel zu viel war und dass ich zu dick bin und noch dicker werde. Deshalb ging es mir immer öfters schlecht.

Etwa ab April versuchte ich deshalb nicht mehr mit meiner Familie zu Abend zu essen, sondern ass allein vor dem Fernseher. Ich ass bewusst nicht in der Küche, weil die Versuchung, mir noch mehr Essen zu holen, sonst zu gross gewesen wäre. Meistens ass ich nur ein Müesli und einen Apfel, sogar wenn ich nachher noch Fussballtraining hatte. Gleichzeitig stand ich täglich, oder sogar mehrmals täglich, auf die Waage, um mein Gewicht zu kontrollieren. Wenn die Zahl etwas kleiner war, fühlte ich mich gut, ich war stolz auf mich und dachte, dass ich etwas erreicht habe. Dieses Gefühl hielt allerdings leider nur für kurze Zeit an, bevor ich wieder zum «Sklaven meiner Krankheit» wurde. Wenn die Zahl allerdings einmal, wenn auch nur 100 Gramm, grösser war, drehte ich fast durch. Ich fühlte mich fett und hässlich und redete mich schlecht. Natürlich ist es normal, dass ein Mensch nicht immer gleich viel wiegt. Dass das Gewicht eines Menschen im Laufe des Tages schwankt, ignorierte ich zu dem Zeitpunkt jedoch völlig. Es gab nur «leichter = gut» und «schwerer = schlecht». Man kann definitiv sagen, dass ich an dem Punkt bereits an Anorexie erkrankt war.

Zu diesem Zeitpunkt hatte die Krankheit allerdings noch kaum Auswirkungen auf mein tägliches Leben. Ich hatte etwas weniger Energie, doch dies hätte genauso gut an einer anstrengenden Schulphase liegen können. Ich fror auch nicht ständig und meine Leistung auf dem Fussballplatz war nach wie vor okay. Den einzigen Unterschied, den ich merkte, war, dass mein Kopf so besessen vom Essen, oder besser gesagt vom Nicht-Essen, war, dass ich kaum mehr Platz für anderes hatte. Es fiel mir immer schwerer, mich an kleinen Dingen zu erfreuen und Sachen, welche ich früher lustig fand, begannen mir auf die Nerven zu gehen. Ich war am liebsten allein, zu Hause, sicher von irgendwelchen spontanen Einfällen von Freunden und Familien, etwas zu trinken, oder sogar ein Stück Kuchen essen zu gehen. Geburtstage von Verwandten wurden zur Hölle, weil man da kaum drumherum kam, ein Stück Torte zu essen, ohne dass jemand etwas merkte. Ich erwachte morgens und begann zu überlegen, wie ich heute so viel Essen wie möglich vermeiden kann und wann ich was essen werde. Ich stellte mich auf die einzelnen Mahlzeiten ein und rechnete die Kalorien vor, sodass ich es immerhin schaffte, eine normale Portion zu Mittag und eine kleine Portion zu Abend zu essen.

Dazu eignete ich mir an, sehr langsam zu essen, weil man dann erstens schneller satt wird und es zweitens so aussieht, als ob man mehr isst, weil man länger isst.

Ursache

Später habe ich mich selbst oft gefragt, was denn genau die Ursache für meine Erkrankung war. Was war der Auslöser, dass ich plötzlich anorektisch wurde? Ich habe mir den Kopf darüber zerbrochen und für mich war es auch ein Prozess der Genesung, die Ursache der Erkrankung zu ergründen. Doch so sehr ich mir auch den Kopf zerbrach, ich fand keinen klaren Auslöser, keinen eindeutigen Grund.

Am Anfang war das für mich ziemlich niederschmetternd. Ich dachte, dass es doch einen Grund geben muss, denn es gibt für alles einen Grund. Im Allgemeinen bin ich ein Mensch, der ständig versucht zu verstehen, warum Dinge passieren. Ich mag es gar nicht, wenn jemand sagt «das ist halt einfach so». Die Antwort auf eine für mich so wichtige Frage nicht zu kennen und dies einfach so akzeptieren zu müssen, war anfangs sehr schwer, doch es ging von Zeit zu Zeit besser.

Ich glaube sogar, dass ich, als ich nicht mehr ständig darüber nachdachte, ganz automatisch eine für mich einigermassen passende Erklärung, oder vielleicht sogar eine Art Ursache, fand. Es war, glaube ich, eine Mischung aus verschiedenen Faktoren, welche schlussendlich zur Anorexie führten.

Der wahrscheinliche Hauptfaktor war die Veränderung des Körpers in der Pubertät, zu der ich damals noch nicht bereit war. Mein Körper begann sich zu verändern und es fiel mir sehr schwer zu verstehen, was gerade passiert. Weil zu dieser Zeit auch gerade der Corona-Lockdown war, hatte ich auch nicht die Möglichkeit zu sehen, dass dieser Prozess bei meinen gleichaltrigen Mitschülerinnen ebenfalls stattfindet. Die einzige Vergleichsperson war damals mein Bruder, der zum einen jünger und zum anderen ein Junge ist, weshalb diese Veränderung des Körpers bei ihm logischerweise nicht stattfand. Dies führte dazu, dass ich meine eigenen Veränderungen zu fehlinterpretieren begann und dachte, dass ich zunehme, obwohl ich dies nicht tat.

Ein weiterer Grund war wahrscheinlich der Druck, den ich mir selbst machte. Ich bin und war schon immer ziemlich perfektionistisch. Dies bezog sich auch auf die Schule, aber noch viel mehr auf den Fussball. Also versuchte ich alles, was ich tat, supergut zu machen. Weil dies logischerweise nicht möglich ist, enttäuschte ich mich immer wieder selbst. Und wenn ich etwas gut machte, war es für mich auch nur normal, denn es war so, wie es sein musste. Meine Erwartungen an mich selbst waren erfüllt. Wenn ich allerdings etwas weniger gut machte, war ich von mir selbst enttäuscht. Ich blieb unter meinen Erwartungen. Es war also gar nicht möglich, mit mir selbst zufrieden zu sein und so machte ich mir immer mehr und mehr Druck. Ich begann, mich selbst kleinzureden und mein Selbstvertrauen schwand. Ich wurde unzufrieden mit mir selbst. Weil ich dachte, dass ich meinen «verdorbenen Charakter» nicht ändern kann, wollte ich wenigstens gut aussehen und versuchte deshalb, einen optimalen Körper zu bekommen. Ich versuchte dem gesellschaftlichen Idealbild eines schlanken Körpers zu entsprechen und begann abzunehmen, was schliesslich auch zu einer Anorexie geführt haben könnte.

Dies könnten zwei mögliche Ansätze sein, weshalb es bei mir zu einer Anorexie kam. Doch wie sieht es im Allgemeinen aus? Wie entsteht Anorexie?

Wie entsteht Anorexie, wie entstehen Essstörungen?

Zunächst mal ist es wichtig zu erwähnen, dass es nicht einen einzigen Weg gibt, sondern unzählige Möglichkeiten, wie eine Anorexie entstehen kann. Genauso wie es zum Beispiel auch viele Möglichkeiten gibt, sich ein Bein zu brechen.

Auch Risikofaktoren sind bis auf das weibliche Geschlecht keine zu finden. Es sind zwar deutlich mehr Frauen und Mädchen von Anorexie betroffen, dennoch ist man nicht automatisch gefährdet, nur weil man weiblich ist. Dass das weibliche Geschlecht stärker betroffen ist, kann unter anderem an der Testosteron-Konzentration im Fruchtwasser liegen. Diese Konzentration nimmt einen Einfluss darauf, wie sich das Gehirn eines Kindes entwickelt und welche Essverhalten es später aufweisen kann. Das Hormon Testosteron, also das männliche Geschlechtshormon, wirkt schützend in Bezug auf Anorexie, wohingegen das weibliche Hormon Östrogen mit einer geringeren Nahrungseinnahme verknüpft wird. Warum dies so ist, wurde bisher allerdings noch nicht herausgefunden.

Ein weiteres Hormon, welches mit Essstörungen in Verbindung gebracht werden kann, ist das Glückshormon Serotonin. Durch zucker- und fettreichen Mahlzeiten wird eine erhöhte Menge Serotonin ausgeschüttet. Längeres Fasten führt hingegen zu einem tieferen Serotoninspiegel, dafür werden die Empfangsstellen für diese Botenstoffe empfindlicher, sodass Serotonin auch in kleinen Mengen stärker wirkt.

Ganz grundsätzlich hängt es auch von der Persönlichkeit ab, ob man eine Essstörung bekommt oder bekommen könnte und auf welche

Art von Essstörung man besonders empfindlich ist. So tendieren impulsive Persönlichkeiten eher zu Bulimie oder Binge-Eating-Störungen mit Essattacken, wohingegen sehr disziplinierte Menschen eher zu Anorexie neigen. Zweiteres benötigt nämlich eine hohe Selbstkontrolle, um nicht «schwach» zu werden und doch etwas zu essen.

Persönlichkeiten sind zum einen angeboren, zum anderen aber auch stark von der Erziehung und vom Umfeld abhängig. Personen mit gewissen Charaktereigenschaften neigen stärker dazu, eine Essstörung zu bekommen. Besonders betroffen sind sehr ehrgeizige oder perfektionistische Personen. Ein extrem hoher Anspruch an sich selbst oder auch Druck von Eltern, Lehrpersonen, Trainer*innen, usw. können zu ständigem Stress, Selbstzweifel und Überforderungen führen, welche gemeinsam mit anderen Faktoren zu einer Essstörung führen können.

Ein weiterer Auslöser kann das Erleben eines traumatischen Erlebnisses sein. Viele Betroffene haben etwas Gravierendes, in der Regel Negatives, erlebt, was sich eingeprägt hat. Dies können zum Beispiel Vernachlässigung in der Kindheit, der Verlust einer engen Bezugsperson oder sogar sexueller Missbrauch sein. Dies sind oft Dinge, die man nicht kontrollieren kann, weshalb Betroffene oft versuchen, Halt und Kontrolle zu erlangen, indem sie ihre Kalorien zählen, abnehmen und ihren Körper kontrollieren. An Gewicht zu verlieren kann sich wie ein «Sieg» in einer sonst gerade so schwierigen Zeit anfühlen.

Obwohl Anorexie nicht vererbbar ist, wurde herausgefunden, dass gewisse genetische Veranlagungen eine Anorexie begünstigen. So tritt die Krankheit in gewissen Familien gehäuft auf, was allerdings nicht heissen muss, dass jemand Anorexie bekommt, nur weil eine Person aus der Verwandtschaft betroffen war. Man hat auch noch nicht herausgefunden, welche genetischen Faktoren Anorexie begünstigen können. Genetische Veränderungen kommen auch erst dann zum Tragen, wenn auch noch andere Faktoren, wie etwa spezielle Ereignisse im Leben der Fall sind. Sicher ist, dass es kein einzelnes Gen, sondern vielmehr ein Zusammenspiel aus mehreren Genen ist, das Anorexie begünstigen kann.

Ebenfalls spielen Faktoren aus dem sozialen Umfeld eine grosse Rolle. Denn in der westlichen Welt wird Fettleibigkeit momentan als unattraktiv angesehen und Kinder wachsen mit dem dünnen Schönheitsideal auf, das wir alle aus Werbungen oder TV-Shows kennen. Über die Hälfte aller Mädchen im Jugendalter unternehmen einen Versuch, ihr Gewicht zu kontrollieren, indem sie zum Beispiel Diäten machen. Doch nur bei wenigen wird es dann gefährlich und endet in einer krankhaften Essstörung. Dies ist auch der Grund, warum Essstörungen oft erst verharmlost werden und Betroffene erst zu spät Hilfe erfahren. Der Übergang von der Diät zur Essstörung ist fliessend und Betroffene merken oft gar nicht, wann sie diesen schmalen Grat überschreiten.

Auch soziale Medien sind nicht immer ungefährlich. Influencer*innen auf YouTube, Tiktok oder Instagram, welche einen «perfekten gesunden Lifestyle» posten, können in User*innen oft den Drang zur Selbstoptimierung auslösen. Dabei wird oft vergessen, dass viele dieser Posts in den sozialen Medien bearbeitet oder gefakt sind. Gerade Menschen mit einem geringeren Selbstwertgefühl können sich dadurch zu Änderungen betreffend den eigenen Körper oder allgemein ihrem Aussehen gedrängt fühlen. Natürlich ist der Wunsch nach *einem schönen Körper an sich nichts Schlechtes, wenn dieser ständige Wille nach Verbesserung des Körpers allerdings zum Zwang wird, kann es gefährlich werden.*

Ein letzter Punkt zur Entstehung von Essstörungen kann auch unser Umfeld in der realen Welt sein. Der ständige Vergleich mit Gleichaltrigen kann dazu führen, dass man sich unwohl fühlt. Dazu kommt, dass in unserer Gesellschaft Menschen gelobt werden, welche an Gewicht verloren haben. So wird bei Kindern schon früh automatisiert, dass schlank sein schön ist und Abnehmen etwas Positives ist. In einzelnen Fällen werden übergewichtige oder unsportliche Kinder von Mitschüler*innen ausgelacht oder sogar gemobbt und fangen so auch an, sich in ihrem Körper unwohl zu fühlen.

Das waren jetzt einige Möglichkeiten, wie Essstörungen entstehen können. Doch wie bereits am Anfang erwähnt, gibt es nicht «die eine» Ursache. Ich glaube schlussendlich ist es auch nicht unbedingt wichtig, wie Essstörungen bei Betroffenen entstehen, sondern viel mehr, wie diese eben nicht entstehen oder wenn doch, wie sie geheilt werden können.

Mama, ich habe Anorexie

Allen Schwierigkeiten und negativen Gedanken zum Trotz versuchte ich mir selbst Mut zu machen. Ich redete mir ein, dass diese Fokussierung aufs Essen und Abnehmen nur eine «Phase» sei und bald wieder vorbei ginge. Doch innerlich wusste ich, dass diese Phase nicht so schnell wieder vorbei gehen würde. Dazu war ich bereits zu tief in der Krankheit drin und das wusste ich auch, obwohl ich es nie zugegeben hätte.

In den nächsten Wochen wurde mir meine Situation immer bewusster und etwa im Mai schaffte ich es dann auch mit meinen Eltern darüber zu sprechen. Meine Mutter hat sehr positiv reagiert. Sie nahm mich ernst und machte mir Mut. Das hat mir sehr gutgetan. Mein Vater hingegen verstand lange nicht, was das ist. Anorexie? Das gibt es doch gar nicht. Er dachte ebenfalls, es sei nur eine «Phase» und nahm es nicht ernst. Ich glaube, dass es für ihn sehr schwierig war, damit umzugehen und er nicht wusste, was er tun soll. So zu tun, als wäre nichts, war für ihn wahrscheinlich eine Art Schutzmechanismus, denn wenn er keinen Handlungsbedarf sah, musste er auch nichts tun.

Auch ich sah zu diesem Zeitpunkt noch keinen Handlungsbedarf. Ich hatte ausser meinen Eltern noch niemandem davon erzählt und weigerte mich auch strikt, dies zu tun. Meine Eltern mussten mir ebenfalls versprechen, niemandem von meinem Problem zu erzählen.

Umgang mit Anorexie-Patient*innen

Wie erwähnt war die Reaktion meiner Mutter für mich damals deutlich besser als die meines Vaters. Doch was macht eine «gute» Reaktion aus? Und was sollte man gegenüber Patient*innen unbedingt vermeiden? Dies versuche ich in diesem Abschnitt etwas genauer zu erläutern. Doch auch hier gilt wie immer: Jede*r Patient*in ist individuell und braucht einen anderen Umgang. Doch ich denke, auf die folgenden Faktoren können sich die meisten Betroffenen einigen.

Gerade für Eltern oder enge Bezugspersonen ist eine solche Situation sehr schwierig. Es ist schwierig zu entscheiden, ob man die betroffene Person darauf ansprechen soll und somit riskiert, dass diese sich erst recht verschliesst, wütend wird oder alles abstreitet. Oder ob man nichts sagen und hoffen soll, dass die Essstörung von allein verschwindet. Beide Methoden können richtig, aber auch falsch sein. Es ist wichtig, nicht sofort Alarm zu schlagen, wenn jemand ein paar Mal oder vielleicht eine Woche etwas weniger isst oder ein wenig an Gewicht verliert. Dies muss nämlich nicht gleich heissen, dass diese Person dann von Anorexie betroffen ist. Unbedingt einschreiten sollte man aber, wenn man merkt, dass die betroffene Person vom Essen besessen ist. Das heisst, wenn in ihrem Kopf für nichts anderes mehr Platz ist. Zum Beispiel wenn sie aufhört, ihren Hobbies nachzugehen oder sich nicht mehr mit Freunden trifft. Ebenfalls auffälliger als das Gewicht sind andere körperliche Merkmale wie etwa ständiges Frieren, Müdigkeit oder Haarausfall. Aber auch hier gilt wieder: nach einer anstrengenden Woche müde zu sein oder als «Gfröhrli» im Winter öfters zu frieren, müssen keine Symptome sein.

Wenn sich Bezugspersonen dann aber entschliessen, Betroffene auf ihr aussergewöhnliches Essverhalten anzusprechen, ist es wichtig, diese ernst zu nehmen und ihnen zuzuhören. Weil wenn sich ein*e Betroffene*r dazu entscheidet, mit jemandem über Anorexie oder eine sonstige Essstörung zu sprechen, ist das meist ein grosser Schritt und eine grosse Überwindung. Wenn die Anorexie dann als «Phase» oder «Teenie-Krankheit» bezeichnet wird, ist es für Betroffene sehr schwierig und sie fühlen sich verlassen. Es ist wichtig, immer respektvoll zu bleiben, auch wenn die Dinge, die die betroffene Person sagt, verwirrend oder manchmal fast wahnsinnig erscheinen. Sie fühlt wirklich so und man hilft ihr nur, wenn man ihr zuhört. Es ist wichtig zu verstehen, dass hinter einer Anorexie so viel mehr steckt als man sieht. Kommentare wie «du bist so dünn, das ist nicht mehr schön» oder «iss doch mal einen Burger» sind in diesen Momenten wirklich gar nicht hilfreich.

Was ebenfalls gar nichts bringt, ist, wenn man Betroffene zum Essen zwingt, ihnen Sportverbot erteilt oder Dinge, wie etwa eine Waage, versteckt. Die Anorexie wird einen Weg finden, diese Verbote zu umgehen und es führt nur dazu, dass sich Betroffene noch mehr verschliessen und alles im Geheimen tun. So schotten sie sich noch mehr von der Aussenwelt ab und Rutschen tiefer in die Essstörung rein, weil sie sich zusätzlich zum ganzen Kalorienrechen und Essenvermeiden auch noch überlegen müssen, wie sie dies alles versteckt tun können.

Zum Schluss möchte ich noch sagen, dass es auch für Angehörige gut sein kann, sich Hilfe zu holen, wenn sie nicht mehr weiterwissen oder Rat suchen. Dies hilft zum einen dem*der Patient*in, aber zum anderen auch den Angehörigen selbst, denn Angehörige leiden oft fast ebenso stark wie Betroffene, einfach auf eine andere Art.

Sich einzugestehen, dass man auch als Angehörige*r Hilfe braucht, ist oft schwierig. Man fühlt sich als Versager*in und denkt vielleicht sogar, dass man eine (Teil-)Schuld an der Erkrankung des*der Patient*in trägt. Dies ist aber absolut nicht der Fall. Niemand ist schuld an einer Anorexie und man kann der betroffenen Person nur helfen, wenn man die Hilfe auch zulässt.

Diese Hilfe kann darin bestehen, sich an eine*n Psycholog*in zu wenden oder auch an eine Arztpraxis. Diese Leute sind im Umgang mit Betroffenen geschult und wissen besser, was der passende nächste Schritt sein soll. Ein*e Betroffene*r in seinem Umfeld zu haben ist auch nichts, wofür man sich schämen soll oder das man verheimlichen muss. Anorexie oder psychische Krankheiten im Allgemeinen sind in unserer Gesellschaft nach wie vor ein Tabuthema. Doch je mehr und je offener darüber gesprochen wird, desto einfacher wird es auch für Betroffene, darüber zu sprechen und desto grösser sind ihre Chancen, wieder gesund zu werden.

Philippinen-Ferien

Nachdem ich mit meinen Eltern über meine Krankheit sprach, haben wir nicht sofort reagiert. Dies lag unter anderem daran, dass ich noch kaum körperliche Auswirkungen spürte und mir auch noch nicht eingestehen wollte, dass ich Hilfe brauche. In meiner Vorstellung waren Leute, welche zur Therapie gehen, Irre oder Gestörte, so wie man sie aus den Horrorfilmen kennt. Ich sagte ständig: «Ich will nicht zur Therapie, ich bin nicht kaputt!»

Zugegebenermassen merke ich jetzt auch, wie blöd das klingt, doch es war für mich damals die Realität. Ich war nie mit psychischen Krankheiten und noch weniger mit psychisch kranken Personen konfrontiert worden und das einzige Bild, welches ich von solchen Personen hatte, waren diese Irren aus den Filmen.

Ein weiterer Grund, weshalb wir noch nichts unternahmen, war, dass ich in diesen Sommerferien für fünf Wochen mit einer guten Freundin in die Philippinen in den Urlaub durfte. Ihre Mutter ist in den Philippinen geboren und deshalb verbringen sie ihre Ferien öfters dort. Dieses Jahr durfte ich sie begleiten. Ich habe mich sehr auf diesen Urlaub gefreut. Ich freute mich darauf viele neue Leute kennenzulernen, auf das warme Wetter, den Strand und das Meer, aber natürlich auch auf das so leckere philippinische Essen. Deshalb hatten meine Familie und ich die Hoffnung, dass ich, wenn ich dann dort bin, meine «kleine Störung» im Urlaub einfach vergessen werde. Umgeben von fröhlichen Menschen und leckerem Essen sollte die Anorexie immer mehr in den Hinterkopf geraten. So war zumindest der Plan. Ich habe mir fest vorgenommen, dort nicht ans Essen zu denken und versprach dies auch meiner Mutter. Doch eigentlich wusste ich bereits, dass ich dieses Versprechen nicht würde einhalten können.

Schon der Hinflug war in dieser Hinsicht sehr schwierig. Wegen der Zeitverschiebung hatte der Tag nicht 24 Stunden, was es stark erschwerte, die täglichen Kalorien zu zählen. Dazu kam, dass man in einem Flugzeug die ganze Zeit nur sitzt, was keine Kalorien verbrennt und ich wurde innerlich sehr unruhig. Ich versuchte mir nichts anmerken zu lassen, was mir auch nicht so schlecht gelang.

Ich nahm mir vor, meiner Freundin von meinem Problem zu erzählen, brauchte allerdings mehrere Anläufe, bis ich mich wirklich getraute. Etwa am vierten Tag während eines Einkaufs traute ich mich dann endlich. Es war sehr schwierig für mich, darüber zu sprechen und ich musste die Tränen zurückhalten, denn es wäre sehr ungünstig gewesen, in einem grossen öffentlichen Einkaufszentrum zu weinen. Meine Freundin reagierte sehr gut darauf. Sie sagte mir auch, dass sie das nie gedacht hätte. Es tat mir sehr gut, mir ihr darüber zu sprechen und ich glaube, sie konnte mir auch gut helfen, während diesen fünf Wochen damit umzugehen.

Trotzdem konnte auch sie nicht verhindern, dass ich in fünf Wochen drei Kilogramm an Gewicht verlor. Weil wir nicht immer alle zusammen und auch nicht immer zu festen Zeiten assen, konnte ich dem Essen einfacher aus dem Weg gehen. Auch die grosse Hitze war hilfreich. Zum einen hat man bei grosser Hitze deutlich weniger Appetit und zum anderen kann man die Hitze gut als Ausrede benutzen, keinen Appetit zu haben. Ich ass oft ein kleines bisschen zum Frühstück und dann erst wieder am Abend. Zum Frühstück ass ich oft nur mit meiner Freundin und ihrer Schwester. Das Abendessen assen wir alle gemeinsam und weil ich den ganzen Tag fast nichts ass, fiel es mir auch leichter, abends eine normale Portion zu essen, ohne danach allzu viele schlechte Gedanken zu haben. Ich konnte das leckere philippinische Essen teilweise sogar etwas geniessen.

In dieser Zeit verlor ich auch mein Hungergefühl, ohne es wirklich zu merken. Anfänglich hatte ich beim Abendessen jeweils richtig Hunger, doch mit der Zeit hätte ich problemlos noch länger fasten können. Früher wurde ich oft auch ungeduldig oder sogar etwas gehässig, wenn ich Hunger hatte. Diese Eigenschaft ging zu dieser Zeit allerdings komplett verloren.

Was allerdings gar nicht verloren ging, sondern immer schlimmer wurde, war die sogenannte körperdysmorphe Störung, also die Falschwahrnehmung des eigenen Körpers. Obwohl ich immer dünner wurde und dies zum Beispiel daran merkte, dass meine Hosen immer lockerer wurden, fühlte ich mich zu dick. Ich wusste also, dass ich eigentlich am Abnehmen war und hatte trotzdem das Gefühl zuzunehmen.

Körperdysmorphe Störung

Für Aussenstehende kann das oben beschriebene Phänomen schwer nachvollziehbar sein. Deshalb folgen nun einige Ausführungen dazu:

Zuerst zur Frage, was eine körperdysmorphe Störung, oder auch Dysmorphophobie genannt, überhaupt ist. Eine körperdysmorphe Störung ist die Falschwahrnehmung des eigenen Körpers. Dies kann ein einzelnes oder auch mehrere Körperteile oder sogar den ganzen Körper betreffen. Betroffene glauben dann, dass dieser Teil des Körpers auffallend unschön sei. Dieser wahrgenommene Makel ist allerdings gar nicht oder nur ganz leicht vorhanden. Zum Beispiel kann dies eine scheinbar zu grosse Nase oder eingebildete Akne sein, oder eben auch ein gefühltes Übergewicht.

Von einer körperdysmorphen Störung wird dann gesprochen, wenn sich Betroffene so stark auf diesen Makel konzentrieren und diese krampfhaft auszubessern versuchen, sodass ihr alltägliches Leben beeinträchtigt wird. Symptome dafür können sein, dass Betroffene sich ständig im Spiegel kontrollieren müssen oder oft ihre Klamotten wechseln, um ihren eingebildeten Makel zu verstecken. Dies kann so weit führen, dass sie sich nicht mehr in die Öffentlichkeit trauen, weil sie befürchten, dass sie von den Menschen angestarrt und verurteilt werden.

Nun zur Frage wie eine körperdysmorphe Störung entsteht oder entstehen kann. Bei möglichen Ursachen kann in psychologische, soziale und biologische Faktoren unterschieden werden. Psychologische Faktoren sind psychische Eigenschaften einer Person, zum Beispiel Schwierigkeiten mit Kritik umzugehen oder hoher

Selbstdruck. Ebenfalls zählen eine schwierige familiäre Situation oder Formen von Mobbing zu den psychologischen Faktoren.

Soziale Faktoren sind Einflüsse von aussen. Dazu zählen auch die Einflüsse der sozialen Medien, welche in den letzten Jahren immer stärker zum Tragen kamen.

Biologische Faktoren sind Eigenschaften, welche mit der Genetik einer Person zusammenhängen. Dazu gehört unter anderem die Eigenschaft eines aufbrausenden Temperaments.

Doch wie immer gilt: Jeder Mensch ist anders und es gibt deshalb keine einheitlichen Ursachen.

Erste Genesungsversuche

Zurück aus den Philippinen sprachen mich zum ersten Mal Leute darauf an, dass ich abgenommen hätte. Zum einen meine Eltern, welche ja von meinem Problem wusste, doch auch Leute aus meinem Umfeld, welche nichts davon wussten. Ich tat immer so, als wäre mir das gar nicht aufgefallen und ich hätte nur so aus Versehen ein klein wenig abgenommen. Doch innerlich freute ich mich immer riesig, solche Kommentare zu hören. Es zeigte mir, dass ich meinem Ziel vom «perfekten» Körper langsam etwas näherkomme. Doch es war auch etwas beängstigend, weil ich in meinen Augen immer noch viel zu dick war, obwohl ich schon abnahm. Also fragte ich mich, wie es denn ganz am Anfang aussah, als ich noch gut acht Kilogramm schwerer war. Dies bestätigte mich nur noch mehr darin, dass es die richtige Entscheidung war, abzunehmen und dass ich dies auch weiterhin tun sollte. Auch der anfängliche Vorsatz, etwa drei Kilogramm abzunehmen, war weit in meinen Hinterkopf geraten. Für mich gab es nur noch ein Ziel: Ich wollte so viel Gewicht verlieren, bis ich mich in meinem Körper wohl fühlte. Dass dies nie der Fall sein wird, weil ich stark unter der bereits beschriebenen körperdysmorphen Störung litt, war mir in dem Moment noch nicht bewusst.

Gleichzeitig wurde mir aber dafür immer bewusster, dass ich krank war und dass sich etwas ändern musste. Denn der ständige Druck, den ich mir selbst machte, führte dazu, dass ich keinen Platz mehr für etwas anderes hatte und die Freude an allem anderen verlor. Dazu kamen nun auch mehr und mehr körperliche Symptome. So war ich ständig müde und antriebslos und mir fehlte auch die Kraft für sportliche Aktivitäten. Insbesondere die Leistung auf dem Fussballplatz ging nach und nach zurück. Dies wollte ich mir allerdings absolut nicht eingestehen und ich trieb noch mehr Sport als zuvor, um Kalorien zu verbrennen. Ich redete mir ein, dass die mangelnde Energie darauf zurückzuführen ist, dass ich in den Philippinen wenig trainiert hatte und deshalb an Ausdauer verloren hatte, welche ich jetzt wieder aufbauen musste. Innerlich wusste ich, dass dies nicht der Fall war, doch ich war noch nicht bereit, mir dies einzugestehen.

Meiner Mutter war auch klar, dass sie vergebens gehofft hatte, dass ich in den Philippinen «geheilt» werde und sie war gewillt, so schnell wie möglich Hilfe zu holen, bevor es zu spät ist. Doch ich war noch nicht bereit, diese Hilfe anzunehmen und war wütend auf meine Mutter, dass sie mich zu irgendeiner Therapie schicken wollte. Heute bin ich ihr sehr dankbar, dass sie so früh handelte.

Zu einem Psychologen oder einer Psychologin zu gehen, kam für mich absolut nicht in Frage. Ich hatte noch nie Kontakt mit solchen Leuten und dachte deshalb sehr stereotypisch über sie. Irgendwann willigte ich allerdings ein, mir helfen zu lassen, denn ich wollte ja auch wieder gesund werden. Dass ich krank war, konnte ich mir inzwischen eingestehen. Ich war bereit, zu einer Naturheilärztin zu gehen, wovor ich weniger Angst hatte. Diese Art von Medizin kannte ich nicht und hatte deshalb auch keine Vorurteile dazu in meinem Kopf.

Gemeinsam mit meiner Mutter ging ich also dort hin. Zuerst musste ich meine ganze Krankheitsgeschichte von Anfang an erzählen. Dies fiel mir sehr schwer, doch meine Mutter half mir dabei. Nachher hätte ich erwartet, dass die Naturheilärztin versuchen würde, meine Fixierung auf das Essen irgendwie zu lösen und die Kalorienrechnerei in meinem Kopf weniger werden zu lassen. Doch genau das Gegenteil war der Fall. Sie berechnete anhand meiner Grösse, des Alters und des Gewichts sowie der Häufigkeit, in der ich Sport treibe, welchen Grundumsatz ich habe. Der Grundumsatz sind die Kalorien, die pro Tag im Ruhezustand verbrannt werden. Also das, was der Körper verbrennt, selbst wenn man den ganzen Tag nichts tut. Sie berechnete diesen Wert bei mir auf 1500-1600 kcal pro Tag.

Nun sollte ich diese Anzahl an Kalorien pro Tag essen, um wieder das Gefühl zu bekommen, wie viel das ist und um nicht weiter abzunehmen. Ich willigte ein, denn zu diesem Zeitpunkt fühlte ich mich, auch dank den vielen Kommentaren zu meinem Gewichtsverlust, sogar manchmal etwas wohl in meinem Körper. Ich konnte die Anorexie allerdings trotzdem nicht stoppen, weil ich süchtig nach dem Hunger und dem Abnehmen war. Ich dachte, dass wenn ich noch mehr abnehme, fühle ich mich nicht nur teilweise, sondern ständig wohl in meinem Körper. Auch die - aus meiner Sicht positiven - Kommentare, dass ich abgenommen hätte, würden dann noch mehr werden. Somit war es unmöglich, so «auf die Schnelle» gesund zu werden.

Aber zurück zum Thema: Ich durfte also alles abwägen, ausrechnen und bemessen. Dies spielte mir, oder besser gesagt der Anorexie, natürlich absolut in die Karten. Dieses Kontrollieren war genau das, was die Anorexie wollte. Dies jetzt nicht mehr heimlich tun zu müssen, machte es für die Anorexie nur noch einfacher und für den gesunden Teil von mir nur noch schwieriger.

Was ich der Naturheilärztin hingegen nicht erzählte, war, dass ich auch vor ihrer Therapie täglich so um die 1500 kcal oder vielleicht sogar mal 1800 kcal gegessen habe. Dies ist etwas untypisch für Anorexiepatient*innen, denn viele essen wirklich tage- oder sogar wochenlang nichts. Ich hingegen ass täglich meinen Grundumsatz. Ich nahm aber trotzdem so viel ab, weil ich währenddessen ständig Sport trieb und so Kalorien verbrannte.

Also änderte sich mit dieser «Behandlung» vorerst nichts. Ich ass fast noch weniger als zuvor und konnte es sogar noch besser kontrollieren und ständige Diskussionen mit meinen Eltern vermeiden. Dies machte alles nur noch schlimmer und ich nahm weiter ab.

Ebenfalls sollte ich einmal pro Woche in eine Arztpraxis gehen, um mein Gewicht zu wägen. Doch auch dies machte keinen Sinn. Erstens fand das Wägen am Abend nach der Schule statt und zweitens mit Kleidung. Ich konnte also genau kontrollieren, ob mein Gewicht etwas höher oder tiefer sein sollte, in dem ich vorher auf die Toilette ging oder eben nicht, schwere oder leichte Kleidung trug oder sogar noch das Handy in der Hosentasche hatte.

Nachdem ich dies ein paar Wochen machte, sollte ich nun zusätzlich auch noch die Kalorien essen, die ich verbrenne. Weil man nicht genau berechnen kann, wie viel man verbrennt, sollte ich auf mein Gefühl achten. Doch genau da lag das Problem: Dieses Gefühl hatte ich nicht. Ich hatte weder ein Hungergefühl noch ein Gefühl dafür, wie viel ich essen soll. Ich bekam wahnsinnige Angst, die Kontrolle zu verlieren, weil man die verbrannten Kalorien nicht so genau messen kann, wie die gegessenen. Somit schätzte ich die Kalorien natürlich immer auf das Minimum und ass dem entsprechend auch kaum mehr als zuvor. Doch da die Therapeutin nur einige Tage später sowieso Ferien hatte und auch noch Schulferien waren, wurde die Therapie ohnehin nicht konsequent durchgezogen.

Geständnis

Meine nachlassende Leistung auf dem Fussballplatz führte immer mehr dazu, dass ich weniger spielen durfte und mich noch schlechter fühlte. Ich dachte, dass ich bloss mehr und härter trainieren musste, um auf das Niveau der anderen zu kommen. Doch ich musste bald merken, dass meine schlechte Leistung damit nicht behoben werden kann.

Ein Fussballspiel zu haben, war stets das Highlight meiner Woche. Wenn es dann noch ein Cupspiel war, und dies sogar gegen den direkten Konkurrenten aus Nebikon, umso mehr. Die einmalige Chance, das KO-System, gewinnen oder verlieren, alles oder nichts. Die Aufregung war gross, genauso wie meine Motivation. Ich nahm mir vor, meinen Problemen zum Trotz, mich voll auf den Fussball zu konzentrieren. Ich wollte alles geben und meiner Mannschaft helfen.

Wie erwartet stand ich nicht in der Startelf, doch ich war bereit, eingewechselt zu werden und zu zeigen, was ich mir so fest vorgenommen hatte. Die Zeit verging, 60, 70, 80, 85, 88 und schliesslich 90 Minuten und ich sass immer noch auf der Bank. Das Spiel endete, ohne dass ich auch nur eine einzige Minute spielen durfte. Ich war so wütend, so traurig und enttäuscht. So sehr, dass ich mich schon fast wieder ein wenig über das verlorene Spiel freute. Ich ging duschen und dann direkt nach Hause. Ich redete mit niemandem, weder über das Spiel noch über sonst etwas. Ich verstand nicht, oder wollte nicht verstehen, weshalb ich nicht spielen durfte. Heute weiss ich, dass ich in meiner damaligen Verfassung sicherlich keine Verstärkung für das Team gewesen wäre. Trotzdem ist es nicht fair, jemanden an ein Spiel mitzunehmen und dann 90 Minuten auf der Bank sitzen zu lassen. Auch meine Eltern, insbesondere mein Vater, waren wütend über diesen Null-Minuten-Einsatz und mein Vater beschloss deshalb, meine Trainerin am nächsten Tag anzurufen.

Dieses Telefonat war sicherlich wichtig und auch gut. Doch ich musste dann auch so fair zu mir selbst sein, um zu sehen, dass der wahre Grund für meine kaum vorhandene Spielzeit vielleicht doch nicht mein Alter war. Es lag wohl eher daran, dass ich körperlich so schwach war, dass ich keine Unterstützung für mein Team darstellte. Als ich mir dies eingestehen konnte, beschloss ich, dass es nur der richtige Schritt ist, dass auch meine Trainerin davon erfährt. Vielleicht wollte ich damit auch ein wenig meine schlechte Leistung rechtfertigen. Ich entschied mich nun dafür, meine Krankheit nicht länger zu verstecken, sondern hinzustehen und die Wahrheit zu sagen. Denn sichtbar war es sowieso längst.

Ich schrieb meiner Trainerin am nächsten Tag folgende Nachricht (auf Hochdeutsch übersetzt):

Guten Abend
Ich wollte fragen, ob du nach dem Telefonat von Papa gestern, morgen etwa eine halbe Stunde Zeit für mich hättest. Ich würde gerne mit dir persönlich reden, du müsstest dies allerdings noch für dich behalten. Ich habe schon länger ein Problem mit mir selbst und würde es toll finden, wenn ich es dir erzählen könnte. Es hat zwar

*nicht direkt etwas mit dem Fussball zu tun, jedoch hat es trotzdem
einen Zusammenhang mit meiner Körpersprache und so weiter.
Ich wäre sehr froh.*

Ich weiss noch, wie ich auf meinem Bett lag und mich nicht
getraute, die Nachricht abzuschicken. Ich wusste, dass mein
Geheimnis raus wäre, sobald ich «senden» drückte. Dann gäbe
es kein Zurück mehr. Meine Mutter machte mir Mut und
irgendwann tat ich es und bekam auch kurz darauf eine
Antwort. Am nächsten Tag nach der Schule traf ich mich mit
meiner Trainerin, um über meine Krankheit zu sprechen.

Ich war unglaublich nervös. Den ganzen Tag über hatte ich
mir überlegt, was ich sagen sollte. Ich übte meinen kleinen
Monolog in- und auswendig, damit ich auch ganz bestimmt
nicht die Fassung verlieren würde.

Ich kann mich nicht mehr sehr gut an den genauen Ablauf
des Gesprächs erinnern, doch ich weiss noch, dass es ziemlich
reibungslos ablief. Ich erzählte ihr von meinem Problem und sie
hörte mir zu und reagierte verständnisvoll. Ich war froh, dass
sie nun Bescheid wusste und nach diesem Geständnis war auch
klar, dass ich meine Genesung nicht weiter hinausschieben
konnte. Zuerst ging es aber noch in die Familienferien, welche
auch etwas ungewöhnlich abliefen.

Familienferien, mal ganz anders

Normalerweise gehen meine Familie und ich jeweils in den Sommerferien in den Familienurlaub, doch diesen Sommer war ich ja bekanntlich in den Philippinen und deshalb verschoben wir diese auf den Herbst. Wir flogen für eine Woche nach Kreta an den Strand und ich freute mich riesig darauf. Auf das Wetter, das Meer und vor allem darauf, dass endlich Ferien waren und ich nicht mehr in die Schule musste, denn diese wurde für mich immer und immer schlimmer. Ich kann gar nicht sagen, warum sich diese Unlust oder gar dieser Hass im Bereich der Schule so stark auftrat. Früher ging ich nicht gerade gerne zur Schule, doch ich ging einfach und es war okay. Inzwischen fand ich sie nur noch nervig und langweilig. Wahrscheinlich lag es auch daran, dass ich in meinem Kopf keinen Platz hatte, mich für etwas anderes als Essen zu interessieren und ich nicht mal mehr die Witze meiner Mitschüler*innen lustig fand.

Auch das gemeinsame Mittagessen, was früher eigentlich fast das Highlight des Schulalltags war, war pure Qual für mich. Essen im Allgemeinen war für mich schon stressig genug, doch es war auch so, dass meine Mitschüler*innen oftmals, aus welchen Gründen auch immer, fast nichts zu Mittag assen. Ich erinnere mich an einen Tag, an dem jemand einen Apfel zu Mittag ass, jemand eine Brezel, zwei teilten sich eine Mensa-Portion und jemand ass ein winzig kleines Birchermüsli. Daneben sass ich, mit einer Essstörung, und ass eine normale Portion. Dabei fühlte ich mich immer wahnsinnig dick und dachte immer, dass ich zu viel ass, obwohl ich eigentlich eine der einzigen Personen war, die normal ass. Ich war in diesem Moment auch nicht in der Lage, einzusehen, dass mein Essverhalten, zumindest das mittags, die Normalität sein sollte. Ich verglich mich ständig mit meinen Mitschülerinnen bezüglich des Essens, aber auch bezüglich meiner Figur und überlegte mir ständig, ob ich dicker oder dünner bin als diese. Doch auch diese Ansichten waren absolut nicht der Realität entsprechend, weil ich dank der körperdysmorphen Störung sowieso ständig auf den Entschluss kam, dass ich viel dicker bin.

Doch zurück zu den Ferien. Ich freute mich also riesig, doch die Reise dahin war einmal mehr schwierig. Im Flugzeug musste ich lange Stillsitzen, was ich gar nicht gern mochte. Ich versuchte, meine Beine irgendwie so übereinanderzulegen, dass ich meine Oberschenkel nicht so sehr sehen konnte. Als wir dann endlich da waren, gefiel es mir sehr. Es war in diesem schwierigen Jahr die wahrscheinlich schönste Woche und ich wollte noch nie so sehr nicht wieder nach Hause. Es lag schon auch daran, dass mir das Hotel in Kreta mit dem Strand und den Sportanlagen sehr gut gefiel, doch vor allem auch, dass ich auf keinen Fall zurück in die Schweiz wollte, weil ich nicht in die so verhasste Schule wollte. Ich schmiedete ernsthafte Pläne, wegzulaufen, um den Flug zu verpassen und länger dort zu bleiben, doch am Schluss fehlte es mir an Mut, diese Pläne in die Realität umzusetzen.

In unserer Hotelanlage hatte es einen kleinen Fitnessraum, den wir fast jeden Morgen vor dem Frühstück besuchten. Anstelle von Krafttraining ging ich immer aufs Laufband, um noch mehr Kalorien zu verbrennen, sodass ich beim nachfolgenden Frühstück mit einem einigermassen guten Gewissen essen konnte. Das Frühstück, vor allem im Urlaub mit den grossen Frühstücksbuffets, ist meine liebste Mahlzeit des Tages. Danach hiess es aber wieder fasten, am besten den ganzen Tag bis hin zum Abendessen. Und dies, obwohl ich ständig in Bewegung war. Schwimmen, Baden, Fussball spielen, spazieren, ich stand nie still. Währenddessen trank ich Wasser, nur Wasser, den ganzen Tag. Hunger hatte ich nicht, mein Hungergefühl hatte ich schon lange verloren.

Beim Abendessen konnte ich dann wieder mit einem einigermassen guten Gewissen zwei oder sogar drei Portionen schöpfen und diese auch geniessen.

Meine Mutter, der mein Essverhalten schon länger Sorgen bereitete, bekam mehr und mehr richtig Angst um mich. Und meinem Vater, der lange versucht hatte, meine Krankheit zu leugnen, wurde nun endgültig bewusst, dass er dies nicht mehr länger konnte. Noch während des Urlaubs versuchte meine Mutter verzweifelt die Luzerner Psychiatrie anzurufen, um so bald wie möglich einen Termin für mich zu vereinbaren. Auch ich wollte diese Hilfe nun unbedingt bekommen. Ich wusste, dass ich krank war und wollte gesund werden, doch ich wusste gleichzeitig auch, dass ich dies nicht allein schaffen kann. Ich hatte es satt, jeden Tag mit meinen Eltern über das Essen diskutieren zu müssen und ich hatte es ebenfalls satt, dass ich an nichts anderes mehr denken konnte. Ich wollte so gerne einfach wieder normal sein, was auch immer das bedeuten mag. Doch egal, was ich versuchte, die Anorexie war stärker und hielt mich gefangen.

Das etwas andere Coming-Out

Am 14.10.2022, wir waren seit ein paar Tagen zurück aus dem Urlaub, bekam ich den Termin bei einem Psychologen der Luzerner-Psychiatrie (lups), wofür meine Eltern und ich nach Luzern ins Kinderspital fuhren. Obwohl ich grosse Angst hatte, freute ich mich auf den Termin, weil mir danach geholfen werden konnte. Ich wusste nicht, was auf mich zukommen würde, und war deshalb auch sehr aufgeregt.

Das Gespräch mit dem Psychologen dauerte fast zwei Stunden. Zuerst sollte ich meine ganze Krankheitsgeschichte einmal mehr von Beginn an erzählen. Ich hatte, vor allem zu Beginn des Gesprächs, grosse Mühe mit dem Psychologen zu sprechen. Ich hatte diesen Mann zuvor noch nie gesehen und sollte ihm jetzt plötzlich so viel von mir erzählen, ohne auch nur ein kleines Detail über ihn zu kennen.

Im Allgemeinen fiel es mir immer sehr schwer, offen mit Psycholog*innen zu sprechen. Wie schon erwähnt, bereitete es mir Mühe, mit fremden Menschen über mein Leben und vor allem über den Teil meines Lebens, worüber ich sonst mit niemandem sprach, zu sprechen. Irgendwie hielten es immer alle für selbstverständlich und ganz normal, dass man Psycholog*innen einfach vertraut und offen mit ihnen kommuniziert. Für mich war es dies allerdings gar nicht. Für Psycholog*innen ist es Alltag, psychisch kranken Personen zuzuhören und zu versuchen, diese zu therapieren. Für diese hingegen ist es die schwierigste Phase des Lebens. Ich dachte also, dass es die Psycholog*innen sowieso nicht interessiert und sie mir einfach nur zuhören, damit sie am Ende des Monats ihr Gehalt bekommen.

Dies trifft natürlich nicht zu, jedenfalls nicht auf alle, doch es war für mich trotzdem unglaublich schwierig, offen mit den Psycholog*innen zu sprechen. Deshalb war ich sehr froh, dass meine Eltern dabei waren und zumindest Teile des Redens für mich übernahmen.

Der Psychologe meinte, dass ich zwar untergewichtig sei, jedoch noch nicht so sehr, dass es schon lebensbedrohlich ist. Besonders besorgniserregend war jedoch die Geschwindigkeit meiner Gewichtsreduktion. Es war schnell klar, dass es so nicht mehr weitergeht und dass schnellstmöglich eine Änderung kommen musste. Wir beschlossen dann, dass wir es zuerst mit ambulanter Therapie versuchen wollen. Ich sollte also einmal wöchentlich einen Termin bei einer Psychologin haben. Sollte dies nicht funktionieren, werde weitergeschaut und ein stationärer Aufenthalt in einer Klinik in Erwägung gezogen.

Mir wurde ebenfalls mitgeteilt, dass Anorexie gefährlicher sei als Leukämie, resp. dass die Todesrate von Anorexie höher ist. Dieses Argument nutzten meine Eltern später, um Druck zu machen, dass mir geholfen würde. Sie sagten, hätte ich Leukämie, würde ich noch am selben Tag im Krankenhaus kommen. Dann kann es doch nicht sein, dass ich an einer noch schwerwiegenderen Krankheit erkrankt bin und keine Hilfe bekäme.

Der schlimmste Teil am ganzen Gespräch war für mich aber, dass ich Sportverbot bekam. Also kein Fussball mehr. Somit wurde mir auch noch das Letzte, was mir noch etwas Freude in meinem Leben bereitete, weggenommen, was sich später als gar nicht gut für meine psychische Gesundheit erweisen würde. Glücklicherweise konnte ich meine Eltern dazu überreden, dass ich weiterhin einmal die Woche eine halbe Stunde laufen gehen und mit dem Fahrrad zur Schule gehen durfte. Dies wurde von mir, oder besser gesagt von der Anorexie, bis aufs Äusserste ausgenutzt. Aus den 30 Minuten laufen wurden schnell 45 oder sogar mal 60 Minuten und anstatt meines normalen Schulweges, fuhr ich Umwege, um noch mehr Kalorien zu verbrennen.

Dazu kam noch, dass meine Fussballmannschaft nach wie vor nichts von meiner Krankheit wusste und da ich jetzt nicht mehr Fussball spielen durfte, war es an der Zeit, ihnen davon zu erzählen. Natürlich haben meine Mitspielerinnen auch bemerkt, dass mit mir etwas nicht stimmte, allein schon, weil meine Leistung auf dem Platz aufgrund mangelnder Energie katastrophal war. Doch sie wussten nicht, woran das lag. Es war mir sehr wichtig, dass ich dies meiner Mannschaft persönlich mitteilen konnte. Meiner Trainerin hatte ich bereits vor einiger Zeit Bescheid gesagt und deshalb ermutigten mich meine Eltern, meiner Trainerin eine Nachricht zu schreiben, ob ich am Abend vor dem Training zur Mannschaft sprechen darf. Ausser meiner Trainerin und einer guten Freundin, welche auch Fussball spielt, wusste niemand Bescheid, als ich noch am selben Abend vor der versammelten Mannschaft stand. Ich war sehr aufgeregt und wusste nicht recht, was ich sagen sollte, als

Mitspielerinnen mich fragten, weshalb ich denn nicht fürs Training umgezogen sei.

Als ich dann anfing mit meinem Monolog, welchen ich vorhin zu Hause wie eine Präsentation für die Schule geübt hatte, kamen mir fast die Tränen. Ich schaffte es allerdings, mich zu fassen und fuhr fort. Ich sagte, dass ihnen wahrscheinlich schon aufgefallen sei, dass meine Motivation und Energie in letzter Zeit nicht so gut seien. Dies liege an einer Krankheit mit dem Namen Anorexie, besser bekannt als Magersucht. Ich sagte, dass ich mich jetzt ganz darauf konzentrieren muss, wieder gesund zu werden und dass ich mich freue, wenn ich die Rückrunde wieder mit dem Team spielen kann. Es war also auch in meiner schwierigsten Phase nie die Option, den «Kampf gegen die Anorexie» zu verlieren.

Die Reaktion meiner Mitspielerinnen war ein überwältigender Moment für mich. Während ich sprach, waren alle mucksmäuschenstill und als ich fertig war, hatten einige Tränen in den Augen. Alle umarmten mich und sagten mir, dass sie an mich glaubten und dass ich dies schaffe. Dies hat mir gezeigt, dass es eben doch nicht allen egal war, wie es mir ging und dass es sich lohnt, weiterzukämpfen. Es gab mir, wenn auch nur für einen kurzen Moment, ein gutes Gefühl und die nötige Energie, um weiterzumachen. Dies war der schwierigste Tag meines Lebens, doch er war auf irgendeine Weise auch schön und ganz sicher sehr aussergewöhnlich.

An den darauffolgenden Tagen bekam ich einige Textnachrichten von Mitspielerinnen. Sie schrieben, dass sie es unglaublich stark von mir fanden, mit 15 Jahren vor die

Mannschaft zu stehen und so ein Geständnis abzuliefern. Dies machte mich irgendwie stolz, auch wenn die Rahmenbedingungen nicht gerade etwas waren, worauf man stolz sein konnte.

Leider hielt dieser Motivationsschub, den ich nach dem Geständnis an meine Mannschaft verspürte, nicht lange an. Denn nicht mehr Fussball spielen zu dürfen und mich allgemein nicht mehr bewegen zu dürfen, nahm mir auch noch das letzte Quäntchen Motivation und Freude in meinem Alltag. Ohne Sport bestand mein Leben nur noch aus Schule und schlafen. Ich sah keinen Weg mehr irgendwie, irgendwann wieder glücklich zu werden. Es war klar, dass sich schleunigst etwas ändern musste.

Wie schon erwähnt, versuchten wir es zuerst mit ambulanter Therapie einmal pro Woche. Doch es war schnell klar, dass dies nichts brachte, weil es viel zu lange dauern würde, bis so eine Therapie Effekte zeigen würde, und bei mir musste es schnell gehen. Zudem brachte es nicht viel, eine Stunde pro Woche Therapie zu haben und die anderen sechs Tage und dreiundzwanzig Stunden der Woche auf mich allein gestellt zu sein. Ebenfalls fühlte ich mich bei Psychologin nicht wirklich wohl. Ich kann nicht genau sagen, woran dies lag, und das ist auch sicher keine Kritik an ihrer Person, es hat nur einfach irgendwie nicht gepasst.

Neben den psychischen Symptomen nahmen auch die Körperlichen immer mehr zu. Natürlich verlor ich an Gewicht, aber das war nur ein kleiner Teil. Ich war ständig müde und unmotiviert, viele Haare fielen mir aus und, was mir fast am meisten Leiden bereitete, ich fror ständig. Also wirklich ständig. Ich stand am Morgen auf und fror, ging zur Schule und fror und ging am Abend wieder schlafen und fror. Weil ich auch keinen Sport mehr treiben durfte, war auch der einzige Moment, in dem ich mich hätte aufwärmen können, verschwunden. Es brachte auch nichts, mich wärmer anzuziehen oder Tee zu trinken, ich fror trotzdem. Ja, dies war ohne Zweifel das körperliche Symptom, welches mir am meisten Mühe bereitete.

Symptome von Anorexie und deren Auswirkungen

Anorexie ist eine psychische Krankheit, das heisst, Anorexie findet grösstenteils im Kopf statt. Trotzdem entwickeln psychische Krankheiten, insbesondere Anorexie, mit der Zeit auch immer mehr körperliche Symptome. Welche diese sind und welche langfristigen Auswirkungen sie haben, darauf wird in den nächsten Zeilen eingegangen.

Das wohl bekannteste und auch (fast) immer zutreffende Symptom ist das Verlieren von Gewicht, aufgrund eines Kaloriendefizits. Also wenn man mehr Kalorien verbrennt, als man isst. Daneben gibt aber noch ganz viele weitere Symptome aufgrund dieses Kaloriendefizits und vor allem auch aufgrund des Mangels an verschiedensten Nährstoffen wie Vitaminen oder Mineralien. Diese können auftreten, müssen dies aber nicht in jedem Fall auch wirklich tun. Dazu gehören trockene Haare oder sogar Haarausfall, trockene oder juckende Haut oder zerbrechliche Fingernägel. Andere körperliche Symptome, welche nicht auf den ersten Blick sichtbar sind, aber fast noch grösserer Leiden bei Betroffenen verursachen, sind ständiges Frieren, insbesondere kalte Hände, dauerhafte Müdigkeit, Konzentrationsstörungen oder ein zu langsamer oder unrhythmischer Herzschlag.

Gerade letzteres kann sehr gefährlich werden. Ein unrhythmischer Herzschlag kann dazu führen, dass Betroffene bei einer etwas höheren Anstrengung ohnmächtig werden und sich vielleicht irgendwo den Kopf anstossen oder hinunterfallen. Gefährlich ist es auch, wenn so etwas beim Schwimmen oder Baden passiert. Dort herrscht nämlich eine grosse Gefahr, zu ertrinken.

Bei Frauen ist eines der ersten Symptome der Ausfall der monatlichen Regelblutung, der so genannten Amenorrhoe. Diese bleibt aus, weil das Kaloriendefizit den Körper in eine Notsituation setzt. Der Körper «denkt» dann, dass zu wenig Nahrung vorhanden ist und will so viel wie möglich sparen (deshalb sind Betroffene auch ständig müde und frieren). Wenn die betroffene Frau zu diesem Zeitpunkt schwanger werden würde, wäre es für das Baby sowie für die Frau unter Umständen lebensgefährlich. Das Baby bekäme nicht genügend Nahrung, um sich zu entwickeln und der Mutter fehlte die Energie, um ein Kind zu gebären. Deshalb bleibt die Menstruation ganz aus.

Was vielleicht auf den ersten Blick praktisch scheint, weil man so die Bauchkrämpfe, Stimmungsschwankungen und die ständige Angst, dass man etwas sehen kann, loswird, ist aber schlecht für die körperliche Gesundheit. So kann Amenorrhoe aufgrund mangelnden Östrogens zu Osteoporose, also zu geringer Knochendichte führen. Dies würde dann bedeuten, dass die Knochen sehr anfällig auf Frakturen oder sogar Brüche sind. Es nützt bei Amenorrhoe aufgrund von Anorexie auch nichts, oder zumindest nicht langfristig, zum Beispiel Östrogentabletten einzunehmen. Es müsste eine grundlegende Änderung der Ernährung stattfinden, was oft nicht ohne fremde Hilfe möglich ist.

Die anderen Symptome haben keine grossen langzeitige Auswirkungen, ausser das es den Betroffenen Leiden bereitet. So ist es für Betroffene sehr unangenehm, ständig müde zu sein oder zu frieren, genauso wie Haarausfall oder trockene Haut zu haben. Es ist aber nicht so, dass daraus bleibende Schäden entstehen.

Suizidalität

Nachdem die ambulante Therapie fehlschlug, war ich psychisch so stark am Ende, dass ich keinen Weg mehr sah, jemals wieder glücklich zu werden. Deshalb wurde ich mehr und mehr suizidal. Ich dachte, dass es doch sowieso niemanden interessiert, ob ich da bin oder nicht, deshalb spielt es auch keine Rolle, ob ich lebe oder nicht. Im Gegenteil. Ich war davon überzeugt, dass ich den Leuten sogar einen Gefallen tun würde, sollte ich mir wirklich das Leben nehmen. Dann müssten sie mich nicht länger ertragen. Somit wäre es nicht nur für mich, sondern auch für meine Mitmenschen eine Erlösung.

Ich kann mich gut daran erinnern, wie ich in meinem Bett lag und versuchte auf drei zu zählen und dann zu sterben. Natürlich geht das nicht, das war mir auch bewusst, doch es wäre damals so schön gewesen und ich war so verzweifelt. Ebenfalls kann ich mich gut daran erinnern, dass ich ständig gehofft habe, dass mir ein tödlicher Unfall passiert. Denn so würde ich erlöst werden, ohne dass es nachher heissen würde, ich hätte Suizid begangen. Doch leider, oder - wie ich heute besser weiss - zum Glück ist dies nie passiert.

Später wurde mir klar, dass ich nicht mehr auf Zufälle warten kann und will. Ich begann zu überlegen, was wohl eine schnelle, schmerzfreie Art wäre, sich das Leben zu nehmen. Ich dachte viel nach, doch mir fiel keine wirklich geeignete Methode ein. Dazu kommt, dass ich wusste, dass meine Eltern unheimlich traurig sein würden, wenn ich es tatsächlich tun würde. Sie würden wahrscheinlich denken, dass sie als Eltern versagt haben und dass es ihre Schuld ist, dass ich diese schreckliche Krankheit bekommen habe und ihr schlussendlich erlegen bin. Dies wollte ich meinen Eltern nicht antun und ich glaube, dies ist der Hauptgrund, weshalb ich keine Suizidversuche hinter mir habe. Ich bin mir allerdings ebenfalls bewusst, dass es nicht mehr lange gedauert hätte, bis es so weit gekommen wäre. Zum Glück wurde ich dann in eine Klinik aufgenommen.

Ein anderer Grund, weshalb ich nie aktiv versucht habe Suizid zu begehen, war, weil ich trotz allem nicht so einfach aufgeben wollte. Ich war oft am Boden zerstört, psychisch sowie physisch total am Ende. Trotzdem wollte ein kleiner Teil vom mir diesen «Kampf gegen die Anorexie» gewinnen. Ich wusste, sollte ich sterben, würde ich diesen Kampf verlieren. Und ich glaube fest daran, dass irgendein Teil in meinem Unterbewusstsein mich deshalb auch davon abgehalten hat, meine Gedanken in die Tat umzusetzen.

Ich kann nicht sagen, wann ich das erste Mal daran gedacht habe zu sterben. Ich weiss nur, dass es plötzlich der einzig mögliche Weg zu sein schien. Ich glaube es war ein stetiger Prozess. Ich weiss noch, als ich mal über eine Brücke lief, die über eine kleine Schlucht führte und ich dachte mir: «Wenn ich da jetzt runterspringe, bin ich tot». Mir ist klar, dass solche Gedanken nicht unbedingt ein Zeichen für Suizidalität sind. Ich glaube wir haben früher alle auf dem Sessellift beim Skifahren gedacht «Wenn ich hier runterfalle, könnte ich es überleben», «hier hätte ich keine Chance» oder «hier wäre es ganz knapp». Es war mehr die Art und Weise, wie ich gedacht habe. Es war irgendwie ein befreiendes Gefühl und ich habe wirklich ganz kurz mit dem Gedanken gespielt, dort runterzuspringen. Ich habe diesen Gedanken schnell wieder verdrängt und versucht, dieses kurze Gedankenspiel zu vergessen. Trotzdem war es, glaube ich, das erste Mal, dass ich für einen kurzen Moment wirklich über Suizid nachdachte.

Psychiatrie

Nachdem alles nichts brachte, war ein Klinikaufenthalt die einzige Möglichkeit und ich war auch gewillt, diese anzunehmen. Zum einem natürlich, um gesund zu werden. Zum anderen aber auch, um nicht mehr in die Schule zu müssen, denn diese war für mich nach wie vor ein Alptraum. Trotz Warteliste wurde ich schnell aufgenommen, weil meine Eltern auch immer wieder anriefen und Druck machten, wofür ich ihnen sehr dankbar bin. Das bereits beschriebene Argument, dass Anorexie gefährlicher als Leukämie sei, half beträchtlich. Auch die Fachleute der Klinik waren der Meinung, dass bei mir jetzt schnell gehandelt werden musste.

Wenn man das Wort «Psychiatrie» hört, denken die meisten Menschen an Irre oder Gestörte, wie wir sie alle aus Filmen kennen. Bevor ich jetzt also weiterschreibe, möchte ich klarstellen, dass die Psychiatrien aus Filmen absolut nicht der Realität entsprechen. In einer Psychiatrie sind Leute, welche psychisch krank sind und dringend Hilfe brauchen. Es sind aber keinesfalls gestörte Leute und Psychiatrien sind auch nicht irgendwie gefährlich, im Sinne von gewalttätigen Patient*innen. Im Gegenteil, ich habe dort viele sehr nette und hilfsbereite Menschen kennengelernt, mit denen ich teilweise noch immer in Kontakt stehe.

Und so hatte ich am Freitag, dem 2.12.2022 meinen Eintritt in einer jugendpsychiatrischen Klinik.

Ich war sehr nervös und hatte auch ein wenig Angst, denn ich wusste nicht genau, was auf mich zukommt. Trotzdem war ich froh und vor allem dankbar, dass ich eintreten durfte, denn ich wollte die Anorexie unbedingt bekämpfen.

In der Nacht vor dem Eintritt schlief ich sehr schlecht und wachte ständig auf. Um 7:30 Uhr stand ich schliesslich auf und packte noch meine letzten Sachen ein. Kurz nach 11:00 Uhr kam Papa von der Arbeit nach Hause und ich fuhr mit meinen Eltern in ein Restaurant, um zu Mittag zu essen.

Irgendwie merke ich erst jetzt, wie ironisch dies klingt. Kurz vor meinem Eintritt in eine Psychiatrie tat ich genau das, was für mich eigentlich am schwierigsten war, nämlich zu essen. Trotzdem gingen wir hin. Es war für mich, aber ganz sicher auch für meine Eltern, ein komisches Gefühl zu wissen, dass ich nun für längere Zeit nicht mehr zu Hause wohnen werde.

Nach dem Essen fuhren wir direkt in die Klinik, wo wir um 13:15 Uhr fürs Eintrittsgespräch erwartet wurden. Bei diesem Gespräch waren Herrn Alessio Mancini (Leiter der Psychiatrie), Livio Kunz (der zuständige Betreuer für Anorexie), mein Kernteam bestehend aus Herrn Tobias Frey (Schule), Andrin Müller (Betreuung/Bezugsperson) und Frau Noemie Bättig (Therapie), meiner Familie und ich.

Kernteams

Zur Erleichterung des Verständnisses eine kurze Erklärung dazu, welche Personen genau für eine*n Patienten*in zuständig sind:

Beim Eintritt wird jedem*r Patient*in ein Kernteam zugewiesen. Das Kernteam besteht immer aus einer der drei Psychiatrie-internen Lehrpersonen, einem*r Psychologen*in und einer Fachperson aus der Betreuung.

Die Lehrperson ist für alles Schulische zuständig und steht auch in Kontakt mit der Lehrperson der externen Schule, also in meinem Fall mit der Kantonsschule Willisau. Die Psychiatrie-Lehrperson spricht sich auch mit der Klassenlehrperson der externen Schule ab, in welchem Niveau und in welchen Fächern unterrichtet werden soll. Unterrichtet wird dann allerdings von allen Lehrpersonen und nicht nur von der Zuständigen des Kernteams.

Der*die Psycholog*in ist für die Therapie zuständig. Hier hat der*die Patient*in wirklich nur mit der dem*der zuständigen Psychologen*in Kontakt. Zweimal pro Woche findet ein dreiviertelstündiges Gespräch statt. Dies läuft je nach Patient*in ganz unterschiedlich ab.

Die Bezugsperson ist eine Person aus der Betreuung, welche im Alltag zuständig ist. Doch auch hier haben Patient*innen mit allen Betreuungspersonen zu tun. Die Bezugsperson achtet aber etwas genauer auf den*die jeweilige*n Bezugsjugendliche*n und führt auch ab und zu Gespräche mit ihm*ihr.

Psychiatrie

Ich fühlte mich während des Eintrittsgespräches etwas unwohl. Alle sprachen über mich und meine Krankheit, was ja logisch ist, aber trotzdem komisch war. Herr Mancini hat ein paar organisatorische Dinge erklärt und später bestimmten meine Eltern zusammen mit dem Kernteam mein Zielgewicht, welches ich am Schluss wiegen sollte. In dieser Zeit konnte ich mir ein wenig das Gebäude anschauen.

Als ich dann zurückkam, wurde mir mein Zielgewicht präsentiert. Es betrug 60 Kilogramm. Dies sollte ich dann unterschreiben, doch ich konnte nicht. Für mich war es damals unvorstellbar, so viel zu wiegen. 59.5 Kilogramm wären schon viel einfacher gewesen. Ich wollte einfach auf keinen Fall die «6» als erste Ziffer, denn es kostete mich so viel «Arbeit» diese loszuwerden. Ich war wahnsinnig wütend auf meine Eltern, weil sie wussten, dass ich diese «6» nicht wollte, trotzdem hatten sie diese 60 Kilogramm beschlossen und ich fühlte mich hintergangen. Ich begann zu weinen und weigerte mich, diese Zahl zu unterschreiben. Irgendwann meinten die Betreuer, dass ich diese auch zu einem späteren Zeitpunkt unterschreiben könne, und wir beliessen es dabei.

Zum Schluss erklärte mir Andrin noch etwas den Tagesablauf und zeigte mir mein Zimmer. Mein Zimmer war klein, aber gemütlich. Es besass ein Bett mit einem kleinen Nachttisch darüber, ein Pult und einen Schrank. Ich räumte meine Kleider in den Schrank und verabschiedete mich von meinen Eltern. Meine Mutter hat fast geweint und auch mein Vater hatte etwas zu kämpfen.

Nachher habe ich die restlichen Sachen ausgepackt und in meinem Zimmer eingeräumt. Um 15:15 Uhr gab es Zvieri, währenddessen lernte ich die anderen Jugendlichen kennen. Der erste Eindruck war sehr positiv, doch ich konnte noch nicht viel mehr dazu sagen.

Am Dienstag darauf würde dann mein Gewicht gemessen werden und ich würde in eine Stufe eingeteilt. Mehr zu diesen Stufen folgt später. Bis dahin durfte ich mehr oder weniger tun, was ich wollte. Das heisst, dass mir nicht vorgeschrieben wurde, was, wie viel oder wie oft ich essen sollte oder wie viel ich mich bewegen durfte.

Nach dem Zvieri gab es wie jeden Freitagnachmittag eine Sportaktivität mit einer Person aus der Betreuung. Da ich noch kein Sportverbot hatte, durfte ich mitmachen, was mich sehr freute. Was mich noch mehr freute, war, dass wir, nachdem wir zur Sporthalle gelaufen waren, sogar Fussball spielten. Es fühlte sich sehr gut an, wieder einmal Fussball zu spielen. Doch obwohl es sehr viel Spass machte, musste ich mir eingestehen, dass meine körperliche Verfassung wirklich sehr schlecht war. Nach nur einer Stunde, hatte ich absolut keine Kraft mehr. Zu dieser Zeit wollte ich mir dies allerdings noch immer nicht eingestehen.

Jeweils pünktlich um 17:45 Uhr gibt es Abendessen. Es gibt immer Suppe und/oder Salat zur Vorspeise und danach ein Menü. Jeweils am Dienstagmittag gibt es Dessert. An meinem ersten Abend gab es Nüsslisalat, danach Fleisch-Käse-Platten, etwas Lasagne, welche vom Mittag übrig blieb, und «Gritibänze». Die Gritibänze sahen zwar sehr lecker aus, doch ich brachte es nicht über mich, einen zu essen. Zu sehr plagte mich der Gedanke an all das Mehl und vor allem die Butter, welche in ihnen steckt.

Nach dem Essen lernte ich Melina kennen. Sie ist so alt wie ich und litt ebenfalls an Anorexie. Sie ist sehr nett und wir sprachen länger miteinander. Melina war bereits seit vier Monaten in der Klinik und hatte noch immer starke Probleme mit dem Essen. Zum Beispiel wurde ihr Teller immer noch fertig geschöpft serviert, weil sie sich nicht selbst schöpfen konnte. Melina war vor ihrem Aufenthalt in dieser Klinik im Spital, weil ihr gesundheitlicher Zustand so schlecht war, dass die Ärzte Angst um ihr Leben hatten. Ihr Herz schlug unregelmässig und die Angehörigen hatten Angst, dass sie die Nacht nicht überlebt. Doch zum Glück schaffte sie es, an Gewicht zuzunehmen, auch wenn es ihr noch lange nicht gut ging.

Ich hatte grosse Angst, dass die Krankheit bei mir auch so lange dauern würde und dass ich auch in vielen Monaten noch solche Probleme mit dem Essen haben würde. Natürlich war ich nicht ganz so «tief» in der Krankheit drin wie Melina, trotzdem machte ich mir grosse Sorgen. Ich hatte Angst, dass wenn ich zunehme, was ja definitiv der Fall sein würde, ich mich noch dicker fühle, als dies ohnehin schon der Fall war und ich mich dann noch schlechter fühle. Ich fragte mich, ob es wirklich die richtige Idee war, in die Psychiatrie zu gehen. Doch gleichzeitig versuchte ich, mir gut zuzureden und mir Mut zu machen. So schrieb ich am Abend des ersten Tages in mein Psychiatrie-Tagebuch «Ich frage mich gerade, ob es wirklich die richtige Idee war, hierher zu kommen... Nein, es ist richtig! Ich schaffe das zu Hause nicht! Ich muss die Hilfe jetzt annehmen, auch wenn es schwierig ist!» Ich versuchte also von meinem ersten Tag in der Psychiatrie an positiv zu denken und es war für mich von da an keine Option mehr, den «Kampf gegen die Anorexie» zu verlieren, auch wenn es noch sehr viele schwierige Momente geben würde.

Nach dem Abendessen gibt es jeweils eine 30-minütige Siesta von 18:30 bis 19:00 Uhr, in der alle Jugendlichen in ihrem Zimmer sein müssen. In meiner ersten Siesta telefonierte ich mit meinen Eltern und erzählte ihnen von meinen ersten Eindrücken.

Um 20:00 Uhr durften wir das WM-Spiel der Schweizer Nati gegen Serbien schauen. Währenddessen passierte etwas Spezielles. Ich sass auf einem der Tische im grossen Klassenzimmer und schaute das Spiel, während plötzlich zwei Mädchen den Raum betraten. Das eine Mädchen kam mir sehr bekannt vor. Ich war mir ziemlich sicher, dass dies Linda ist, welche ich von früher kannte. Wir waren gut befreundet, doch wir haben uns immer weiter voneinander entfernt und hatten inzwischen keinen Kontakt mehr. Ich versuchte unauffällig zu ihr hinzuschauen, doch weil es im Zimmer dunkel war, konnte ich es nur schwer erkennen. Ich überlegte, ob ich sie ansprechen soll, doch ich traute mich nicht. Ich glaubte, dass sie mich zu dem Zeitpunkt noch nicht erkannt hatte.

Später fand ich heraus, dass es sich wirklich um Linda handelte, doch sie wurde inzwischen Pam genannt, weil sie sich mit diesem Namen wohler fühlt. Pam lebte auf Station drei, welche sich im Nebenhaus der Psychiatrie befindet. Dort leben drei Jugendliche, welche kurz vor dem Austritt stehen. Sie sind zwar noch immer betreut, aber sind um einiges selbständiger. Zum Beispiel kochen oder putzen sie selbst.

Als ich dann so dasass und das Spiel schaute, wusste ich nicht richtig, ob ich dorthin gehöre. Mir fiel auf, dass viele, oder sogar fast alle, der Jugendlichen aus speziellen Familienverhältnissen kamen. Ausserdem schienen irgendwie alle gefärbte Haare und lackierte Fingernägel zu haben und, für meinen Geschmack, sehr aussergewöhnliche Klamotten zu tragen. Zudem schrien sie aus irgendwelchen Gründen dauernd herum, was ich gar nicht verstand. Bitte nicht falsch verstehen, ich habe absolut nichts gegen gefärbte Haare und auch nichts gegen lackierte Fingernägel. Es ist mir auch vollkommen gleich, was Leute für Klamotten tragen. Ich fühlte mich allerdings sehr fremd, weil das einfach nicht meine Welt war und ich mir das nicht gewohnt war. Ich mochte gerne, wenn alles seinen strikten Ablauf hat und klar geregelt ist. Ich glaube, ich wäre ganz «normal», was auch immer das genau bedeutet, wäre da nicht diese blöde Krankheit gewesen, welche mir damals so viel zerstörte.

Nachdem ich dann noch die zweite Halbzeit des Nati-Spiels schaute, das die Schweiz mit 3:2 gewann und somit den Einzug ins Achtelfinale schaffte, war der erste Tag auch schon um. Mein erster Eindruck von der Psychiatrie war ganz okay. Mir war bewusst, dass dies kein Feriencamp sein würde und ich war dementsprechend darauf eingestellt. Die anderen Jugendlichen sowie das Betreuungsteam machten auch einen ganz netten Eindruck. Ich konnte allerdings noch nicht viel dazu sagen, weil ich diesen «richtigen Psychiatrie-Alltag» noch nicht erlebte hatte.

Die nächsten beiden Tage waren sehr ähnlich, denn es waren die beiden Wochenend-Tage. Für mich waren diese sehr langweilig, denn am Wochenende dürfen die Jugendlichen nach Hause. Weil dies allerdings mein erstes Wochenende in der Psychiatrie war, musste ich - so besagt es die Regel - vor Ort bleiben. Neben mir waren noch zwei andere Jugendliche da. Auf meinen eigenen Wunsch hin, erhielt ich auch keinen Besuch, weil ich mir zuerst selbst einen Eindruck machen und mich etwas eingewöhnen wollte, bevor ich Besuch erhielt.

An den Wochenendtagen findet das Frühstück jeweils etwas später statt und auch sonst ist alles etwas lockerer. Ab 9:30 Uhr bekommt man das Handy und kann es den ganzen Tag über behalten. Zum Essen gibt es meistens einfach Reste der Woche, was ich aber eigentlich sehr gerne mag. Die beiden Tage liefen etwa so ab: Ich hörte Musik oder Hörspiele, zeichnete, spielte Karten, schaute Skirennen, Fussball oder Darts, ass etwas Kleines und dann wieder von vorne. Einmal konnte ich mit einer Betreuerin einkaufen gehen, was eine gern gesehene Abwechslung für mich war.

Allgemein verliefen die ersten beiden Tage, trotz Langeweile, erstaunlich gut. Meine Motivation war sehr hoch, weil ich beschloss, die Situation zu akzeptieren und alles zu geben, damit ich schnellstmöglich meinen Austritt habe. Am Samstagabend hatte ich einen grossen Moment. Während ich ein Spie der Fussball WM schaute, standen Brownies auf dem Tisch und ich habe mir freiwillig eines genommen. Ich war danach sehr stolz auf mich und der Stolz überdeckte sogar das schlechte Gewissen. Doch trotz den ganzen positiven ersten Eindrücken und meiner Motivation hatte ich weiterhin grosse Angst vor dem Zunehmen.

Der spätere Sonntagabend war dann der erste richtige Psychiatrie-Abend. Das heisst, dass ich zum ersten Mal dasselbe tat wie die anderen Jugendlichen. Nämlich fand die Sonntagssitzung statt. Bei dieser Sitzung wurden die Ämtli der nächsten Woche verteilt, denn jede*r Jugendliche hat sein Ämtli, welches jeden Morgen vor Schulstart erledigt werden muss. Mein Ämtli war das sogenannte «Morgenämtli», das heisst, dass ich morgens jeweils mit ein paar anderen den Abwasch machen muss. Dann erzählten alle Jugendlichen kurz von ihrem Wochenende und der Therapieplan der nächsten Woche wurde verteilt. Auf dem Therapieplan steht jeweils, wann man Therapie hat, aber auch, welche sonstigen internen oder externen Termine man hat. Bei mir stand nur ein einziger Termin: «Freitag 13.00 Uhr, Emilia-Somatostatus». Die Betreuung erklärten mir, dass dies ein «Arzt-Check» sei, den jede*r Jugendliche nach dem Eintritt machen muss.

71

Nachher ging ich dann bald schlafen und freute mich wahrscheinlich zum ersten Mal in meinem Leben, dass das Wochenende vorbei ist und morgen etwas mehr passieren würde.

Der neue Alltag beginnt

Nach einer unruhigen Nacht wurde ich am Morgen nicht von meinem Wecker geweckt, sondern von einem Betreuer, der Blutdruck messen kam. Dies passiert anscheinend jeden Montagmorgen. Mein Blutdruck war mit 102/68 etwas tief, doch da das bei mir normal ist, war es nicht weiter besorgniserregend. Nebst der Blutdruckmessung wird am Montag auch noch das Gewicht gemessen. Dies würde bei mir in Zukunft allerdings nicht mehr so sein, weil bei Anorexie-Patient*innen das Gewicht jeweils am Dienstag und Freitag gemessen wird. Doch an diesem ersten Montag musste auch ich mich auf die Waage stellen. Mein Gewicht betrug nur 49.5 Kilogramm. Klar, es war früh am Morgen und ich war nüchtern, allerdings trug ich Kleidung und war auch noch nicht auf der Toilette. Ich wusste, dass dies viel zu wenig war, doch ich habe mich trotzdem gefreut, dass die Waage zum ersten Mal eine «4» als erste Ziffer anzeigte und das wiederum machte mir Angst. Doch ganz egal, ob ich mich freute oder enttäuscht oder schockiert oder überrascht war, es änderte nichts am Fakt, dass ich über zehn Kilogramm zunehmen musste. Deshalb hatte ich beschlossen, dass ich mich von nun an - so gut wie möglich - über Gewichtszunahmen freue, denn so fällt das Zunehmen viel leichter. Deshalb schöpfte ich mir beim Frühstück auch eine ordentliche Portion Birchermüsli. Es war sicher noch nicht viel, aber es war ganz bestimmt mehr, als ich zu Hause gegessen hatte, und dies freiwillig! Ich glaube, das ist wieder ein Zeichen dafür, dass ich die Genesung vom ersten Tag an wirklich wollte.

Am Montagmorgen hat man in der Psychiatrie keinen Schulunterricht, weshalb das Frühstück auch erst um acht und nicht schon um halb acht stattfindet. Nach dem Frühstück machte ich mein Ämtli, welches montags immer etwas gründlicher sein muss, und nachher hatten wir etwas Zeit für uns. Um 9:30 Uhr, also kurz vor der Znüni-Pause um 9:45 Uhr, treffen sich alle Jugendlichen einer Station zur sogenannten Montagssitzung. Dabei wird jeweils besprochen, was letzte Woche gut lief und was weniger und was das Ziel für diese Woche wird. Dies wird dann nach der Znüni-Pause (also um 10:15 Uhr) mit der Betreuung besprochen und die Jugendlichen kriegen auch noch Feedback von der Betreuung.

Um 11:00 war dann jeweils der letzte Programmpunkt eines sehr lockeren Montagmorgens. Man kann wählen, ob man die letzte Stunde vor dem Mittagessen allein für sich im Zimmer, mit anderen Jugendlichen beim Theater, oder auf einem Spaziergang verbringen wollte. Ich wählte den Spaziergang, denn jede Möglichkeit nach draussen zu gehen, nutzte ich sehr gerne.

Um 12:00 Uhr gab es dann mein erstes Mittagessen mit den anderen Jugendlichen sowie zwei Betreuer*innen. Man isst jeweils mit den Jugendlichen der eigenen Station in einem separaten Essraum. Noch immer hatte ich keinen Essplan, weshalb ich frei wählen durfte. Es gelang mir wiederum ziemlich gut, eine fast normalgrosse Portion zu essen, ohne ein zu grosses schlechtes Gewissen zu haben. Trotzdem war es natürlich viel zu wenig, wenn man bedenkt, dass ich nicht einfach nur nicht abnehmen, sondern sehr viel zunehmen musste.

Die Zeit zwischen 13.00-13.45 Uhr müssen alle Jugendlichen jeweils in ihrem Zimmer verbringen, weil dann findet die so genannte «Mittags-Siesta» statt. In dieser Zeit bekommt man auch das Handy. Weil der Montag ein medienfreier Tag ist, ist dies auch die einzige Gelegenheit, montags das Handy zu bekommen.

Am Nachmittag stand dann zum ersten Mal Schule auf dem Programm. Zuerst hatte ich allerdings Therapie und lernte Frau Bättig, meine Therapeutin, besser kennen. Sie hat mir von Anfang an ein gutes Gefühl gegeben. Sie war sehr nett und verständnisvoll, aber hat mich gleichzeitig auch nicht wie ein kleines Kind behandelt. Damit meine ich, dass sie mir auch mal widersprochen hat und ich mit ihr diskutieren konnte. Ich hatte von Anfang an das Gefühl, dass sie mich ernst nimmt und mir nicht einfach nur zuhört, weil es ihr Job ist. Trotzdem war es für mich schwierig, offen mit ihr zu reden. Ich bin ein Mensch, der nicht gerne über seine Probleme redet, und es fällt mir auch oft schwer, Hilfe anzunehmen. Ich musste lernen, dass es okay ist, etwas mal nicht zu schaffen oder einfach mal nicht mehr weiterzuwissen, nur dazusitzen und zu weinen.

Doch zurück zu dieser ersten Therapie-Stunde. Frau Bättig hat mich auf mein Problem mit dem Zielgewicht von 60 Kilogramm angesprochen und ich habe ihr versucht zu erklären, dass mich diese «6» einfach stört. Sie hat mir zugehört und auch ziemlich verständnisvoll reagiert und meinte, dass wir das Morgen beim Kernteamgespräch (KTG) genauer anschauen können. Ich hatte grosse Hoffnung, dass das Zielgewicht auf 59.5 Kilogramm geändert würde.

Nach der Therapie hatte ich dann noch zwanzig Minuten Schule bis zur Pause. Dort erhielt ich meinen Stundenplan. Irgendwie hatte ich das Gefühl, dass ich etwas wenig Schulstunden hatte, um den ganzen Stoff meiner Mitschüler*innen an der Kanti mitzuarbeiten. Doch wie ich später merkte, funktionierte es ganz okay. Um 15.15-15.30 Uhr war dann die Nachmittagspause, in der ich mit den anderen Jugendlichen Spiele spielte. Zum Abschluss hatte ich noch bildnerisches Gestalten (BG). Dabei begann ich Weihnachtsgeschenke für meine Freunde und Familie zu basteln.

Nach dem Abendessen um 17.45 Uhr und der darauffolgenden Siesta hatten wir ein Abendprogramm. Weil der Montag, wie schon erwähnt, medienfrei ist, wird dafür ein Alternativprogramm angeboten, an dem ich immer sehr gerne teilnahm. An diesem Montagabend backten wir «Gritibänze».

Später redete ich lange mit Melina über die Krankheit. Sie hat mir viel erklärt, wie es in der Psychiatrie so abläuft. Ich glaube, dass sie noch deutlich tiefer in der Essstörung drin war, als ich es war und war einmal mehr froh, dass meine Eltern und ich frühzeitig reagiert hatten.

Ab in den Kampf

Den Dienstag, 6.12.2022 möchte ich ganz offiziell als Startpunkt festhalten. Von da an begann nebst dem psychischen auch der physische Kampf: ein Kilogramm pro Woche, sechs Mahlzeiten pro Tag.

Aber ganz von vorne… Ich musste bereits um 6.15 Uhr aufstehen und eine Urinprobe abgeben. Diese wird eine Stunde später wiederholt, damit gesehen werden könnte, falls vor dem Wiegen, Wasser getrunken worden wäre. Das klingt jetzt vielleicht doof, aber es ist gar nicht so einfach innerhalb einer Stunde, zweimal auf die Toilette zu gehen, ohne dazwischen etwas zu trinken. Ich brauchte fast zehn Minuten.

Danach musste ich das spezifische Gewicht (also das Gewicht am Morgen nach dem Toilettengang und nur mit Unterwäsche und Unterhemd) messen. Es betrug 48.5 Kilogramm. Das war also mein Startgewicht, leichter werde ich nie wieder sein, das war zumindest die Hoffnung.

Am Vormittag konnte ich dann für eine längere Zeit das letzte Mal Sport treiben. Okay, es war nur ein Spaziergang, doch es war trotzdem mehr Bewegung, als ich in den nächsten Wochen haben würde.

Doch nun zum wichtigsten Ereignis des Tages, dem Kernteamgespräch (KTG). Aufgrund meines Gewichts wurde ich in die Stufe vier eingeteilt, was das bedeutet, erkläre ich später. Es wurde gemeinsam mit mir abgemacht, dass ich jede Woche ein Kilogramm zunehmen musste. Um dies zu erreichen, wurde mir mein Essplan vorgestellt, der im Laufe der Zeit ständig angepasst werden würde. Wie schon erwähnt beinhaltete er sechs Mahlzeiten pro Tag (Frühstück, Znüni, Zmittag, Zvieri, Znacht, Spätimbiss). Natürlich hat mein Gehirn sofort die Kalorien berechnet und kam etwa auf 3000 Kalorien, was für mich damals unvorstellbar viel war. Zum Vergleich, vorher habe ich jeweils rund 1500 Kalorien gegessen. Es war also etwa das Doppelte. Am meisten Mühe bereitete mir aber der Spätimbiss, den ich jeweils nach dem Abendessen zwischen 20.00 und 21.00 Uhr essen sollte. Ich bin im Allgemeinen ein Morgenmensch. Dies war auch vor der Krankheit schon so. Ich habe morgens viel mehr Energie, bin viel wacher und habe auch viel mehr Appetit.

Doch nachdem ich den Schock vom Essplan, aber auch von diesem ziemlich fiesen Stufenplan verdaut hatte, beschloss ich dies als Motivation zu sehen, alles zu geben und gesund zu werden. Ich war froh, dass sich etwas ändert, aber hatte gleichzeitig auch unheimliche Angst vor dem Zunehmen. Ich fühlte mich so schon viel zu dick und hatte keine Ahnung, wie das besser werden soll, wenn ich «noch dicker» werde.

Stufenprinzip

Ich habe jetzt mehrmals einen Stufenplan erwähnt, den ich jetzt etwas genauer erklären möchte. Das Stufenprinzip ist die Methode, mit derer Hilfe anorektische Jugendliche in dieser Psychiatrie behandelt werden sollen. Er beinhaltet fünf Stufen und eine sogenannte Haltephase oder auch «Stufe 0» genannt. Je tiefer das Gewicht, desto höher die Stufe (also Stufe fünf wäre das Tiefste). Je nach Stufe darf man unterschiedliche Dinge tun oder eben nicht tun. Im Extremfall der Stufe fünf ist das Gewicht so tief, dass Herz-Kreislauf-Versagen befürchtet wird, weshalb die Jugendlichen nur noch in ihrem Bett liegen dürfen und nicht einmal selbstständig auf die Toilette dürfen. Doch normalerweise sind Jugendliche in dieser Stufe nicht in der Psychiatrie, sondern im Spital, wo man sich besser um sie kümmern kann. Welches Gewicht für welche Stufe spricht, ist je nach Person individuell und wird vom Kernteam abgemacht.

Doch was bedeutet die Stufe, die ich bekommen habe? In der Stufe vier darf man zwar selbstständig auf die Toilette und muss nicht nur im Bett liegen, vielmehr darf man aber dann auch nicht. Man darf an absolut keinen Aktivitäten, welche nicht sitzend passieren, teilnehmen (also nicht einmal Billard spielen). Auch Ämtli machen ist untersagt und man muss sogar den Lift benutzen, anstatt Treppen zu steigen. An den Wochenenden darf man auch nicht nach Hause gehen, sondern muss die ganze Zeit über in der Psychiatrie bleiben und auch alle Mahlzeiten dort zu sich nehmen.

Bei einer mit dem Kernteam festgelegten Gewichtszunahme gibt es einen Wechsel in die Stufe drei, wo immerhin die Treppe sowie die

Ämtli wieder erlaubt sind. Auch leichte Aktivitäten wie Billard spielen sind wieder erlaubt und ein kurzer Spaziergang pro Woche mit der Schule wird gestattet. Trotzdem sind die meisten Aktivitäten (also Turnstunden oder alle anderen Spaziergänge) weiterhin verboten. An den Wochenenden bekommt man nun zwar die Möglichkeit, nach Hause zu gehen, weil aber weiterhin alle Hauptmahlzeiten (Frühstück, Mittagessen, Abendessen) in der Psychiatrie zu sich genommen werden müssen, kann man höchstens ein paar Stunden zu Hause bleiben.

Der Wechsel in die Stufe zwei ist meiner Meinung nach der grösste Schritt. Alle Spaziergänge sind erlaubt, sowie einmal Schulsport pro Woche. Auch die Wochenenden darf man vollständig zu Hause verbringen und muss einzig zur Übernachtung in die Psychiatrie kommen.

Bei Stufe eins hat man dann das Zielgewicht erreicht und alle Aktivitäten sind erlaubt. Man muss das Gewicht drei Wochen mit Hilfe (also z.B. mit Teilen des Essplans) halten, um in die Stufe null zu kommen. Dort muss man dann das Gewicht weitere drei Wochen ohne Hilfe halten. Sollte man dies schaffen, ohne dass das Gewicht wieder unter das Zielgewicht fällt, ist man körperlich genesen und, sofern der Kopf auch mitspielt, bereit für den Austritt aus der Psychiatrie.

Ab in den Kampf

Die nächsten Tage und Wochen waren geprägt von einem ständigen «Kampf gegen die Zahlen». Zum einen die Zahl auf der Waage, von der meine Stufe abhängig war. Zum anderen den Kampf gegen die ständige Kalorienrechnerei in meinem Kopf, der gar nicht gefiel, dass sie nun plötzlich bis 3000 rechnen musste.

Am Mittwoch nach diesem einschneidenden Tag schrieb ich in mein Tagebuch die folgenden Worte: «Ich bin noch nicht einmal 24 Stunden im Stufenplan und merke es meiner Psyche trotzdem ziemlich an. Gestern nach der Spätmahlzeit ging es mir echt schlecht.». Es war also klar, dass die folgenden Wochen alles andere als einfach werden würden.

Die folgenden Tage waren immer etwa gleich. Ich hatte Schule und ass meine Mahlzeiten. Ich versuchte kein einziges Mal, etwas verschwinden zu lassen oder mit den Betreuer*innen über die Menge zu diskutieren. Mir war klar, dass ich umso schneller wieder zunehmen und gesund sein würde, je korrekter ich alle Regeln befolgte. Es kam zwar nach jeder Mahlzeit das schlechte Gewissen in mir hoch. Ich fühlte mich zu dick und unwohl in meinem Körper, doch nach ein paar Minuten gewann meist der gesunde Teil in mir wieder die Überhand und ich bekam den unbedingten Willen zurück, diese Krankheit zu besiegen. In schwierigen Momenten versuchte ich mir fest vor Augen zu führen, weshalb ich das alles machte. Ich versuchte mir vorzustellen, wieder Fussball spielen zu können. Ich hatte auch ein Bild von meiner

Fussballmannschaft in meinem Zimmer aufgehängt, um mein Ziel stets fest vor Augen zu haben.

Es war aber nicht nur für meinen Kopf ungewohnt, so viel zu essen, sondern vor allem in den ersten Tagen auch für meinen Körper. So hatte ich Mühe mit der Verdauung, weil mein Magen sich dies nicht gewohnt war, doch nach einigen Tage wurde es immer besser.

Schwieriger fiel mir hingegen, dass ich mich nicht bewegen durfte. Ich bin sonst ein sehr aktiver Mensch und den anderen zuzusehen, wie sie spazieren gingen oder Sportunterricht hatten, war fast unerträglich. Ebenfalls sehr schwierig war es, dass ich keine Ämtli machen durfte. Nicht etwa, weil ich so gerne abwasche oder putze, sondern weil es mir das Gefühl gab, wirklich krank zu sein. Ich hatte auch ein schlechtes Gewissen, denn alle anderen machten die Ämtli, nur ich halt nicht. Ich hoffte, bald Stufe drei zu erreichen, damit ich wieder mitmachen konnte.

Am Freitag wurde ich wieder gewogen und wog 49.9 Kilogramm, was bedeutete, dass mir nur noch 100g fehlten, um am Dienstag Stufenwechsel zu schaffen. Ich versuchte mich zu freuen, weil ich mir dies ja fest vorgenommen hatte, doch es fiel mir nicht ganz so einfach. Ich musste in wenigen Wochen quasi die ganze «Arbeit» zerstören, welche ich mir im letzten Dreivierteljahr aufgebaut hatte. Ich wusste, dass dies keine «Arbeit» war, auf die man stolz sein sollte und trotzdem machte es mich traurig. Mir wurde zum ersten Mal bewusst, dass ich fast ein ganzes Jahr meiner Jugendzeit weggeschmissen hatte, weil ich mich nur auf die Krankheit konzentrierte. Ein Jahr, in dem ich Freunde treffen, Fussball spielen und einfach das Leben hätte geniessen können. Es wurde zu einem Jahr, in dem ich mich abschottete, isolierte und sich alles nur um Essen und Gewicht drehte.

Doch so schwer das alles auch war, es war gleichzeitig auch eine Motivation für mich, denn es sollte auf keinen Fall ein zweites Jahr dieser Art geben!

Ein ganz persönliches Wunder

An diesem Freitagabend schrieb ich in mein Tagebuch: «Es passierte für mich ein ganz persönliches Wunder».

Dieses Wunder bestand darin, dass ich zu einem Arztcheck musste. Okay, soweit ist es zugegebenermassen kein Wunder, doch während dieses Arztchecks sass ich auf einer Liege. Wie immer beim Sitzen hatte ich währenddessen wahnsinnig Mühe mit meinen Oberschenkeln, die in meinen Augen viel zu dick waren. Ich wollte am liebsten aufstehen und mich anders hinsetzen, doch das ging nicht, weil die Ärztin gerade dabei war, mein Herz abzuhören. Also musste ich es aushalten. Und etwa nach einer Minute, als ich schon fast am Durchdrehen war, passierte das Wunder. Es machte in meinem Kopf plötzlich «Klick» oder «Peng» oder «Bling» und ich fand es plötzlich nicht mehr schlimm. Ich sass da, starrte meine Oberschenkel an und konnte es akzeptieren. Ich konnte etwas akzeptieren, was ich das ganze letzte Dreivierteljahr über nicht annähernd konnte. Ich will nicht sagen, dass die Probleme alle weg waren, doch es war für mich wie eine Befreiung aus dem eigenen Gefängnis. Zum ersten Mal konnte ich normal sitzen und dabei entspannt sein. Ich hätte nie gedacht, dass solche Fortschritte so schnell kommen und hoffte, dass die Situation so gut bleibt. Doch wie ich später feststellen sollte, würde ich in den nächsten Monaten auch noch ganz andere Seiten dieses Genesungsprozesses kennenlernen.

Trotzdem, mit dieser neuen Akzeptanz und Motivation ass ich weiter nach Plan und war fest entschlossen, am nächsten Dienstag den Stufenwechsel zu schaffen. Dies funktionierte dann auch und ich freute mich wirklich darüber. Zum ersten Mal musste ich mich nicht zwingen, mich zu freuen und der gesunde Teil von mir war stärker als der Anorektische. Ich freute mich so sehr über den Stufenwechsel, weil dieser ein klein wenig Normalität in meinen Alltag brachte und mir ein bisschen von diesem Krankheitsgefühl wegnahm. Ich durfte wieder Ämtlis machen, an leichten Aktivitäten teilnehmen, am Mittwoch mit auf den kurzen Spaziergang gehen. Am Wochenende durfte ich sogar kurz nach Hause, solange alle Hauptmahlzeiten in der Psychiatrie stattfanden.

Diese neuen Privilegien taten mir und meiner Motivation sehr gut, denn nach dem anfänglichen Hoch hatte sich mein psychischer Zustand wieder vermehrt verschlechtert. Vor allem den Spaziergang genoss ich sehr, denn an der frischen Luft bekam ich jeweils meinen Kopf etwas frei von den vielen Gedanken und Eindrücken und konnte mal etwas abschalten.

Die folgenden Wochen hatte ich zweimal wöchentlich Einzeltherapie und einmal Kunsttherapie in der Gruppe nebst dem normalen Schulunterricht. Die Kunsttherapie gefiel mir allerdings gar nicht. Das Ziel davon ist es, durch Malen oder Zeichnen seine Gefühle ausdrücken zu können. Ich kann mir gut vorstellen, dass dies bei gewissen Personen funktioniert, doch für mich war es purer Stress. Ich liebe es zu zeichnen, doch nur das, worauf ich Lust habe. Meine Art des Zeichnens lebt von Präzision und Genauigkeit und nicht von Gefühl und Emotionen. Dazu kam, dass mir der Lehrer auch nicht wirklich sympathisch war. Ich will hier niemanden schlecht machen, er ist sicher ein guter Lehrer, nur halt nicht für mich. Ich teilte dies auch Frau Bättig mit und nach einiger Zeit konnte ich sie dazu überreden, diese Kunsttherapie bei mir endlich abzusetzen, was mich sehr erleichterte.

Ab der dritten Woche hatte ich zusätzlich noch einmal pro Woche Bewegungstherapie gemeinsam mit Melina und einer Bewegungstherapeutin. Bewegungstherapie klingt jetzt zwar aktiver als es ist, doch es war für mich trotzdem eine gute Abwechslung. Wir machten Entspannungs- oder Atemübungen, dehnten uns oder spielten auch mal ein paar Spiele. Im Gegensatz zur Kunsttherapie zeigte die Bewegungstherapie bei mir definitiv ihre Wirkung. Mehrere Male half sie mir nach einem schlechten Tag, mich besser zu fühlen. Die Bewegungstherapeutin war mir auch sehr sympathisch, was die Sache deutlich erleichterte.

Dies waren jetzt viele verschiedene Therapiearten im Schnelldurchgang. Doch inwiefern hilft eine Therapie beim Genesungsprozess? Und welche Arten von Therapie gibt es überhaupt?

Behandlungsmethoden von Anorexie

Anorexie ist zu komplex, als dass es einen einzelnen Behandlungsweg gäbe. Vielmehr muss aus unterschiedlichen Perspektiven an die Krankheit herangegangen werden und versucht werden, diese zu besiegen.

Bei akuten Fällen, also bei denjenigen Patient*innen, bei denen das Untergewicht zu einer lebensbedrohlichen Situation führt, steht als erstes die Gewichtszunahme im Zentrum. Notfalls werden Betroffene sogar zum Essen gezwungen. Die wöchentliche Gewichtszunahme sollte dabei zwischen einem halben und einem Kilogramm liegen. Sobald die Unterernährung beseitigt wurde, sollten auch die meisten körperlichen Symptome nachlassen. Dabei kann es helfen, Betroffene genau über ausgewogene Ernährung aufzuklären und gemeinsam mit ihnen einen Essplan zu erstellen, an den sie sich halten können. Nahrungsmittel, welche den Patient*innen vorher grosse Mühe bereiteten, weil sie zum Beispiel äusserst kalorienreich sind, können Stück für Stück in den Essplan integriert werden. Denn oftmals haben Betroffene vorher über längere Zeit keine ausgewogene, normalgrosse Mahlzeit gegessen und deshalb das Gefühl für eine normale Portion komplett verloren. Auch gemeinsames Kochen kann helfen, wieder etwas mehr Freude am Essen zu bekommen.

Doch zur Bekämpfung der Anorexie reicht es nicht, einfach zuzunehmen. Vielmehr muss man den Kern der Krankheit bekämpfen, was mit psychotherapeutischer Behandlung gelingen soll. Nebst der allgemein bekannten Psychotherapie gibt es auch noch weitere Behandlungsmethoden, welche ergänzend dazu stattfinden können.

Dies können Ernährungstherapie, Bewegungstherapie, Körpertherapie, Kunsttherapie oder noch viele weitere sein. Doch egal wie viele und welche Theorien es gibt und welche Möglichkeiten sich einer betroffenen Person bieten: damit diese gesund wird, braucht es vor allem die eigene Willenskraft der betroffenen Person. Therapeut*innen können Betroffenen dabei helfen gesund zu werden, sie geben sowas wie eine Bedienungsanleitung, um durch den Tag zu kommen, doch gesund werden, muss sie selbst. Wer gesund werden will, muss dazu bereit sein, sich dieser schwierigen Herausforderung zu stellen. Man muss sich darauf einstellen, dass der Weg schwierig wird und es viele Momente gibt, in denen man starke Zweifel hat, doch man muss sich ständig vor Augen führen können, dass es der richtige Weg ist.

Wie schon erwähnt ist das erste Ziel die Wiederherstellung eines normalen und gesunden Körpergewichts, damit die körperlichen Symptome nachlassen. Weiter versucht man mit Hilfe von Therapie auch Folgendes zu erreichen: Man versucht den Patient*innen dabei zu helfen, sich einzugestehen, dass sie krank sind und versucht die Motivation zur Genesung zu fördern. Ebenfalls werden sie über gesundes Essverhalten beraten und aufgeklärt. Es wird auch versucht, die körperdysmorphe Störung zu therapieren, was dann auch das Selbstvertrauen und Selbstwertgefühl der betroffenen Person steigern soll. Dabei ist vor allem wichtig, dass Rückfälle nach der Entlassung aus einer Klinik oder nach Ende der Therapie verhindert werden. Um all dies zu erreichen, werden Familie und auch enge Freunde als Stütze oder zur Beratung mit in die Therapie einbezogen.

Therapie spielt also eine essenzielle Rolle beim Genesungsprozess. Doch was ist das für eine Art von Therapie? Und was trägt die Therapie zur Genesung bei?

Es gibt zwei Hauptmethoden von Therapien, die bei Essstörungen hauptsächlich angewendet werden. Dies sind zum einen die kognitive Verhaltenstherapie und die tiefenpsychologisch fundierte Psychotherapie.

In der kognitiven Verhaltenstherapie gilt die Ansicht, dass psychische Störungen oder negative Verhaltensmuster aufgrund von psychischen Erkrankungen als Folge von negativen Erfahrungen angewohnt wurden. Diese können somit durch das Sammeln und Angewöhnen neuer, positiver Verhaltensmuster auch einfach wieder verlernt werden.

In Bezug auf die Essstörung wären negative Verhaltensmuster etwa das Weglassen von Nahrungsmittel oder das Ausfallenlassen von Mahlzeiten. Diese sollten dann mit positiven Verhaltensmustern, wie einem strukturierten Essplan, kompensiert werden. Dazu sollten Patient*innen über die Gefahren ihrer negativen und Vorteile ihrer positiven Verhaltensmuster aufgeklärt werden. Somit können sie auch nachvollziehen, warum ihr Verhalten negativ war und weshalb das «Neue» positiv ist. Dabei sollen nebst dem Angewöhnen dieser positiven Verhaltensmuster auch das Selbstvertrauen und Selbstwertgefühl sowie die Konfliktfähigkeit der Person trainiert und gesteigert werden.

Das zweite Therapieverfahren, die tiefenpsychologisch fundierte Psychotherapie, ist sogar noch etwas häufiger in Anwendung als die kognitive Verhaltenstherapie. Dabei wird gar nicht die Anorexie an sich thematisiert. Sie wird lediglich als Symptom oder Lösungsversuch von tieferen psychischen Problemen oder Konflikten angeschaut. Es gilt also der Grundsatz, dass die Anorexie durch Konflikte oder negative Lebenserfahrungen ausgelöst wurde, indem versucht wurde, durch das «Nicht-Essen» diese Konflikte zu bewältigen oder zumindest zu verdrängen. Dies ist auch oft eine Ursache von Selbstverletzungen, wobei versucht wird, durch den körperlichen Schmerz den seelischen zu verdrängen oder kurzzeitig zu vergessen.

In der Therapie werden diese Lebenserfahrungen dann thematisiert und die Patient*innen versuchen gemeinsam mit den Therapeut*innen, die Situationen zu verstehen und zu bearbeiten. So sollen neue, positive und heilsame Lebenserfahrungen gemacht werden können, sodass die Anorexie nicht mehr als Lösung für diese inneren Probleme angesehen wird.

Es gibt noch zahlreiche weitere Verfahrensansätze zur Genesung von Anorexie. Die beiden beschriebenen sind jedoch die am häufigsten verwendeten und auch die am erfolgversprechendsten Therapiearten.

Schwierigkeiten, nach Hause zu gehen

Es ist kein Geheimnis, dass die Zeit in der Psychiatrie für Betroffene ziemlich hart sein kann. Womit ich vor dem Eintritt hingegen überhaupt nicht gerechnet hätte, ist, dass für mich zumindest am Anfang das Schwierigste die Wochenenden wären. Ganz allgemein war es das erste Mal in meinem Leben, dass ich mich nicht aufs Wochenende freute und den Schulalltag lieber mochte.

Das dritte Psychiatrie-Wochenende war das erste, welches ich teilweise zu Hause verbringen durfte. Ich freute mich sehr und war auch etwas aufgeregt, denn an besagtem Wochenende war auch noch Papas Geburtstag. Nach dem Mittag wurde ich abgeholt. Wenn ich an den Wochenenden jeweils nach Hause ging, duschte ich mich immer zuerst. Dies tat ich jeweils, weil in der Psychiatrie das Duschen immer sehr stressig war, weil andere auch noch duschen wollten und man deshalb schnell machen musste. Nach dem Dusche zu Hause fühlte ich mich jeweils viel frischer und wohler, doch dann kam das Problem…

Meine psychische Verfassung war stark davon abhängig, welche Hosen ich trug, denn je nach Schnitt der Hosen fühlte ich mich unterschiedlich «dick». Das Problem war, dass alle meine «guten Hosen», also die, mit denen ich mich einigermassen wohl fühlte, in der Psychiatrie waren. Ich musste also andere anziehen. Darin fühlte ich mich sehr unwohl und hatte meine erste richtige Krise seit Eintritt in die Psychiatrie. Ich schaffte es fast nicht, meine Zwischenmahlzeit zu essen und

91

sah alles negativ. Ich war sogar froh, dass ich nach nur etwa zwei Stunden wieder zurück in die Psychiatrie «durfte» und den gesamten Sonntag dort verbringen konnte.

Es ist schon komisch, dass es mir zwei Wochen so gut ging und kaum darf ich nach Hause, bekomme ich eine Krise. Ich schob es auf die Hosen. Wahrscheinlich war es aber auch noch etwas der Stress von den vielen Leuten, welche an Papas Geburtstag waren, die die Krise auslösten. Dazu kam, dass ich kaum Zeit zu Hause hatte, bevor ich wieder zurückmusste, was sicherlich auch ein Stressfaktor war.

Könnte ich nur sagen, dass dies das einzige schwierige Wochenende war, dann wäre alles gar kein Problem. Leider war dem nicht so. Doch mehr dazu folgt später.

Nachdem es mir die ersten Wochen sehr gut ging (bis auf das Wochenende) und ich sogar mein kleines Wunder erlebt hatte, flachte diese Euphorie nach und nach ab. Ich nahm die darauffolgende Woche auch nur 200g zu, was mich sehr erstaunte. Mit demselben Essplan nahm ich letzte Woche zwei Kilogramm zu und diese Woche nur noch 200 Gramm. Ich hatte etwas Angst vor dem Kernteamgespräch an diesem Tag. Ich befürchtete, dass mein Kernteam denken könnte, ich hätte mich nicht an den Essplan gehalten, was allerdings nicht stimmen würde. Ich trieb auch keinen Sport, ausser dem Spaziergang am Mittwoch und dieser war ja erlaubt. Meine Sorgen waren allerdings unbegründet, denn Andrin sagte, dass es nicht besorgniserregend sei. Ich hätte immer noch zugenommen. Wir liessen den Essplan so, wie er war. Sollte ich die nächste Woche wieder nicht, oder nicht viel, zunehmen, würden wir etwas ändern.

Der Mittwoch hingegen wurde deutlich schwieriger. Eigentlich mochte ich den Mittwoch immer am meisten, weil dann der Spaziergang stattfand, an dem ich teilnehmen durfte. Doch dieser Mittwoch war leider nicht so toll. Während einem Spielenachmittag, der Nachmittagsaktivität, wurde mir alles plötzlich zu viel. Die ganze Situation mit der Psychiatrie und meiner Krankheit stresste mich sehr. Ich wusste nicht, woher das plötzlich kam. Ich ging dann bis zum Abendessen in mein Zimmer und versuchte mich zu beruhigen, doch dies funktionierte nicht so richtig. Nach dem Abendessen drehte ich dann komplett durch. Ich weinte, fühlte mich zu dick und sah keine Chance, irgendwie wieder gesund zu werden. Ich konnte meine Körperform nicht akzeptieren, doch wusste gleichzeitig, dass ich sie auch nicht ändern kann. Das machte mich fast wahnsinnig. Dazu kam auch, dass seit einigen Tagen alle Türen und Fenster fest verriegelt waren. Dies, weil eine Patientin versucht hatte auszubrechen und die Gefahr bestand, dass sie es wieder versucht und sich somit selbst gefährden würde. Diese geschlossenen Türen und Fenster führten bei mir allerdings dazu, dass ich mich eingeengt und unwohl fühlte. Es kam mir manchmal fast so vor, als wäre ich in einem Gefängnis. Der dritte Grund für mein Durchdrehen war Amira. Nochmals eine andere Patientin, welche ebenfalls an Anorexie leidet und seit Kurzem in der Psychiatrie war. Ich mochte Amira gerne, sie war sehr freundlich und hilfsbereit und es war immer sehr interessant mit ihr zu reden. Vor allem in den ersten Tagen aber machte sie mich sehr nervös, denn sie hatte einen wahnsinnigen Bewegungsdrang. Ich weiss, dass sie nichts dafür konnte, doch es machte mich so nervös, dass sie ständig herumlaufen musste. Selbst wenn wir irgendwo sassen, stand sie plötzlich aus dem Nichts auf und lief einen Schritt vor, dann wieder zurück, wieder vor und wieder zurück und dies die ganze Zeit über. Gepaart mit den geschlossenen Türen und meinem eigentlichen Problem, der Anorexie, brachte es das Fass zum Überlaufen.

Ich rief meine Eltern an, um mich ein wenig abzulenken. Sie meinten, dass ich zur Betreuung gehen sollte, doch ich getraute mich nicht. Im Allgemeinen hatte ich immer grosse Mühe, zuzugeben, wenn es mir nicht gut ging. Ich glaube, dass ich während dem gesamten Psychiatrie-Aufenthalt kein einziges Mal zur Betreuung ging und sagte, dass ich jetzt Hilfe benötige. Ich weiss nicht genau warum, denn eigentlich wäre dies der Sinn der Sache, doch ich habe mich einfach nie getraut. Ich dachte immer, dass die Betreuung genug zu tun hat mit den anderen Jugendlichen und sich nicht auch noch um mich kümmern muss. Ich wollte keine zusätzlichen Probleme bereiten, weil ich immer dachte, das sei mein Problem, wenn es mir nicht gut ginge, und ich müsse es selbst lösen können. Wenn ich im Nachhinein darüber nachdenke, sehe ich auch wie dumm das war. Als die Betreuer*innen mich mit der Zeit jedoch etwas besser kannte, merkten sie meistens, wenn es mir nicht gut ging, und konnten mir helfen. Darüber war ich sehr froh.

Doch zurück zum Telefonat mit meinen Eltern. Wie gesagt gelang es mir nicht, zur Betreuung zu gehen. Dies führte schlussendlich dazu, dass meine Eltern von zu Hause aus in das

Stationsbüro, welches keine 15 Meter von meinem Zimmer entfernt war, anriefen und sagten, dass ich Hilfe brauche. Daraufhin kam Andrin in mein Zimmer und wir redeten zusammen, was mir guttat, auch wenn es nichts an der Situation änderte. Ich hatte danach immerhin wieder die Kraft, noch ein paar Spiele mit den anderen Jugendlichen zu spielen, bevor ich schlafen ging.

Am nächsten Morgen ging es mir dann etwas besser, doch im Verlauf des Nachmittags nahm es nach und nach wieder ab. Am Abend fand ein kleiner Anlass statt, bei dem alle Eltern, die wollten, vorbeikommen durften. Es gab ein Feuer mit einem kleinen Apéro. Gemeinsam mit einer anderen Patientin sollte ich den Eltern sogar ein paar Weihnachtslieder auf dem Akkordeon, bzw. sie auf der Gitarre vorspielen, worüber sich die Eltern glaube ich freuten. Trotzdem ging es mir danach nicht besser und es half auch nichts, mit meinen Eltern zu sprechen. Ich ging in mein Zimmer und heulte. Es machte mich so wütend, traurig und mutlos, dass es mir anfänglich so gut ging und nun alles vorbei war. Ich verstand nicht, warum mein blödes Gehirn nicht einfach «normal» denken konnte und diese Krankheit nicht einfach verschwinden konnte. Ich wusste, dass dies ein ständiger Kampf werden wird, doch gerade fehlte mir einfach die Kraft, um zu kämpfen. Ich verstand auch nicht, warum alle immer sagten, dass ich mit den Betreuungspersonen reden soll, denn die können meinen Körperbau auch nicht ändern. Genauso wenig wie meine Akzeptanz, oder eben meine Nicht-Akzeptanz, zu ebendiesem Körperbau. Ich schrieb an diesem Abend in mein Tagebuch:

«also bringt es eigentlich einen verdammten Scheiss, dass ich überhaupt hier bin».

Meine Eltern und die Betreuung kamen dann irgendwann in mein Zimmer und wollten mit mir reden, doch es brachte nichts. Ich war an diesem Abend absolut nicht zugänglich und hörte zwar, dass mit mir gesprochen wurde, aber die Worte flogen einfach so an mir vorbei.

In den folgenden Tagen versuchte die Betreuung dann, gemeinsam mit mir, Wege zu finden, was ich tun kann, wenn es mir wieder so schlecht geht. Diese Dinge zur Ablenkung oder Aufmunterung nennt man Skills und sind bei allen Patient*innen unterschiedlich. Mein grösster Skill ist und war es schon immer, Sport zu treiben. Schon als ich noch ganz klein war und mich irgendetwas aufregte oder es Streit gab, ging ich laufen oder Fussball spielen. Dort konnte ich meinen Kopf lüften und abschalten. Das Problem war nur, dass ich keinen Sport treiben durfte und somit meine stärkste Waffe zur Genesung, aufgrund der Genesung, verlor. Auch dies machte mich wütend und war meiner Meinung nach ein Widerspruch in sich selbst. Wie sollte ich gesund werden, wenn mir das weggenommen wird, was mir am besten dabei hilft, gesund zu werden? Natürlich verstehe ich heute, dass dies so schon richtig war und im Nachhinein war es auch eine Motivation für mich, aber zu diesem Zeitpunkt war es schwierig.

Also musste ich andere Wege finden, wie ich mich in schwierigen Momenten ablenken kann. Gemeinsam mit Andrin legte ich zu Beginn ein paar solcher Skills fest, die sich mit der

Zeit aber fortlaufend änderten. Mein wahrscheinlich bester Skill war es, an die frische Luft zu gehen. Denn auch wenn ich mich nicht bewegen durfte, konnte ich so wenigstens frische Luft einatmen und meinen Kopf etwas lüften. Vor allem gepaart mit meinem zweiten grossen Skill, dem Zauberwürfel. Das Lösen dieser «Cubes» fasziniert mich schon lange und etwa in der fünften Klasse der Primarschule brachte ich mir das Lösen des klassischen 3x3 Cubes selbst bei. Inzwischen besitze ich eine Sammlung von etwa 20 verschiedenen Cubes, welche ich auch allesamt lösen kann. Ich glaube, dass die Cubes mir sehr geholfen haben, weil man während des Lösens den Kopf voll bei der Sache haben muss. Man muss sich genau überlegen, welchen Schritt man als nächstes tun muss, und deshalb vergass ich während des Lösens meine eigentlichen Probleme. Weitere meiner Skills waren etwa das Hören von Musik, kaltes Duschen, Zeichnen oder, wenn es mal gar nicht anders ging, einfach mein Kopfkissen zu verhauen.

Weihnachten

Aufgrund meiner Stufe hätte ich Ende Dezember 2022 an den Wochenenden jeweils nur für kurze Zeit nach Hause gedurft. Weihnachten ist jedoch bezüglich sehr Vielem etwas anders und so auch bezüglich dieser Regel. Ich konnte am Samstag nach dem Mittag nach Hause gehen und hätte bis Montag bleiben dürfen. Ich hätte somit also zwei Nächte am Stück zu Hause geschlafen. Aber ja, «hätte» und nicht «habe». Konjunktiv.

Wie geplant ging ich am Samstag um 13:00 Uhr nach Hause. Ich freute mich sehr, aber war auch sehr aufgeregt. Ich hatte Angst, dass es zu Hause wieder so schwierig wird wie letztes Mal. Doch der Samstag verlief sehr gut. Wir assen traditionell Fondue Chinoise, sangen meiner Mutter zuliebe ein paar Weihnachtslieder und gingen dann zur Kirche. Der Tag verlief wie erwähnt gut. Trotzdem hatte ich, aus welchem Grund auch immer, ständig das Gefühl, dass ich aufpassen musste, was ich sage und dass ich kurz vor einem Wutausbruch stehe. Ich wusste nicht, woher das kam. Ich war auf jeden Fall froh, dass diese «Gratwanderung» den ganzen Tag über gut verlief und dass wir den ersten Weihnachtstag den schwierigen Umständen zum Trotz geniessen konnten.

Leider blieb dies nicht so. Beim Mittagessen am nächsten Tag kam es zum lang befürchteten Wutausbruch. Es fing damit an, dass meine Mutter mich darauf hinwies, dass ich mehr Salatsauce auf den Salat tun sollte. Daraufhin meinte ich, dass ich es in der Klinik genauso mache und niemand etwas sagen würde.

Salatsauce war für mich während der Krankheit eines der schwierigsten Lebensmittel. Sie scheint so unscheinbar, fast wie ein Getränk und trotzdem ist sie so fettig und kalorienreich. Es ist auch sehr einfach, Kalorien einzusparen, indem man bloss etwas weniger Salatsauce auf den Salat macht. Dazu kommt, dass es wirklich auch meinem Geschmack entspricht, dass ich den Salat lieber mag, wenn nicht so viel Sauce drauf ist, als wenn er darin ertrinkt.

So weit war es jedoch noch nicht so schlimm. Doch mein Vater, der wahrscheinlich ähnlich wie ich auch schon die ganze Zeit über etwas gereizt war, machte dann noch einige Bemerkungen, welche ich gar nicht gut aufnahm. Zu seinem Schutz werde ich diese hier nicht genauer beschreiben. Es hatte was damit zu tun, dass ich selbst schuld sei, wenn ich nicht zunehme, wenn ich so wenig Sauce auf den Salat täte.

Ich weiss heute, dass die Situation für ihn, ebenso wie für mich, alles andere als einfach war, doch in dem Moment wurde ich so was von wütend. Ich kämpfte tagtäglich gegen die negativen Gedanken in meinem Kopf, ass sechs Mahlzeiten am Tag und versuchte alles, um wieder gesund zu werden. Dann solche Kommentare zu hören, half bei diesem Genesungsprozess definitiv nicht.

Mir wurde es endgültig zu viel und ich wollte zurück in die Psychiatrie, anstatt gemeinsam mit meiner Familie zum Weihnachtsfest meiner Verwandten zu fahren. Meine Mutter versuchte mich zu überzeugen, dass ich doch bleiben soll, doch es blieb dabei. Ich wollte zurück.

So verbrachte ich den zweiten Weihnachtstag in der Psychiatrie und nicht mit meiner Familie bei einem Weihnachtsfest. Und das Schlimme daran war, dass ich es so wollte. Es ging mir besser in einer Psychiatrie als zu Hause bei meiner Familie. Zu Hause fühlte ich mich wie eine Fremde. Ich hatte das Gefühl, dass ich ständig aufpassen musste, was ich sagte. Als würde ich eine fremde Familie besuchen und versuchen, einen guten ersten Eindruck zu machen. Ebenfalls fühlte ich mich wie eine Belastung für meine Familie und dachte, dass sie ihr ganzes Leben nach mir richten mussten. Ich hatte ein schlechtes Gewissen, fühlte mich überflüssig und war davon überzeugt, dass es ihnen besser geht, wenn ich nicht da bin. Dies machte mir unglaublich Angst. Was, wenn ich nie wieder nach Hause gehen kann, ohne dass es mir schlecht geht? Was, wenn ich mich komplett von meiner Familie entfremde und nie wieder richtig ein Teil von dieser Familie werden kann? All diese Gedanken drehten sich den ganzen Abend über in meinem Kopf. Als eine Betreuerin kam und fragte, was ich jetzt am liebsten tun würde, antwortete ich mit «sterben».

Am nächsten Tag kamen die anderen Jugendlichen nach und nach von ihren Wochenenden nach Hause. Mir ging es immer noch schlecht, wenn auch etwas besser. Ich hatte immerhin die Kraft, meine Sachen aufzuräumen, die ich gestern einfach nur hingeworfen hatte, und konnte mit Andrin über das Wochenende reden. Es tat gut, jemandem zu erzählen, was mich beschäftigt und ich war froh, dass jemand Bescheid wusste, auch wenn es wieder mal nichts an der Situation änderte.

Die Folgewoche war eine der schwierigsten Wochen während des ganzes Psychiatrie-Aufenthalts. Es war nämlich Projektwoche. Das bedeutet, dass oft Ausflüge oder irgendwelche Aktivitäten stattfanden, bei denen ich nicht mitmachen durfte, weil ich Sportverbot hatte. Zu allem Übel hatte ich auch noch abgenommen, obwohl ich hätte schwören können, dass ich zugenommen hatte. Ich habe mich immer an den Essplan gehalten, keinen Sport getrieben und fühlte mich dicker als je zuvor. Trotzdem habe ich wieder abgenommen auf 49.9 Kilogramm und hatte somit wegen 100g einen Stufenwechsel. Ich musste also wieder Lift fahren, keine Ämtli machen und hatte absolut keine Bewegung. Ich war so wütend auf mich selbst, aber auch auf alles andere. Ich hielt mich immer an den Plan und nahm trotzdem ab. Was sollte das?!

Beim KTG passten wir den Essplan dann so an, dass ich hoffentlich wieder zunehme und bald wieder Stufenwechsel haben würde.

Am ersten Morgen der Projektwoche gingen die anderen Eislaufen und ich musste gemeinsam mit zwei anderen anorexiekranken Jugendlichen in der Psychiatrie bleiben. Ich verstand zwar schon, dass es sinnvoll ist, nicht Eislaufen zu gehen, aber ich war gleichzeitig einfach auch so wütend und traurig, weil ich so gerne mitgegangen wäre. Am Nachmittag spielten wir Lotto. Während des Spiels fühlte ich mich auch einigermassen wohl, bis Amira auf die grandiose Idee kam, aufzustehen und herumzulaufen. Natürlich musste Melina daraufhin auch aufstehen und die ganze Situation wurde hektisch, was mich sehr stresste. Glücklicherweise fühlte nicht nur ich so, sondern auch viele anderen Jugendliche und schlussendlich griffen dann auch die Betreuer*innen ein.

Am Abend bekam ich Besuch von meinen Eltern und meinem Firmgotti, denn immer Dienstag- und Donnerstagabend sind Besuchstage. Es war ein sehr schöner Abend. Wir spielten Spiele zusammen und ich zeigte ihnen, wie ich so lebte und erzählte von meinen Erfahrungen.

Am nächsten Tag bauten wir Lebkuchenhäuser, was sehr lustig war. Allgemein ging es mir etwas besser, weil ich etwas machen durfte. Doch unser Lebkuchenhaus wollte einfach nicht halten und ich verlor die Geduld mit dieser blöden Glasur, sodass ich kurz etwas Abstand brauchte. Glücklicherweise haben es die anderen dann irgendwie so hinbekommen, dass es hielt.

Umso besser der Mittwoch war, desto schwieriger wurde der Donnerstag und das war mir direkt nach dem Aufstehen schon klar. Denn es war der Tag, an dem «Schlitteln in der Melchseefrutt» auf dem Programm stand. Natürlich durfte ich dort nicht teilnehmen. Ich wusste nicht recht wohin mit diesem Tag. Mir war den ganzen Tag über langweilig und ich war wütend auf alles und jeden. Immerhin konnte ich auf meinem Laptop Sport schauen, obwohl dies eigentlich verboten wäre. Tagsüber müssen elektronische Geräte abgegeben werden und können erst kurz nach dem Mittagessen für 45 min und dann am Abend wieder abgeholt werden. Doch ich durfte meinen Laptop, unter dem Vorwand für die Schule zu arbeiten, behalten. Deshalb sass ich an meinem Pult mit dem geöffneten Mathebuch, falls plötzlich jemand reinkommen würde.

Die Psychiatrie-Regeln

In der Psychiatrie gab es natürlich einige Regeln, welche das Zusammenleben unter den Jugendlichen und auch zwischen den Jugendlichen und der Betreuung erleichtern sollen. Eine dieser Regeln ist zum Beispiel die oben beschriebene Regel, dass man elektronische Geräte abgeben muss.

Weiter ist es untersagt, sich im Zimmer von jemand anderem aufzuhalten, selbst wenn diese Person damit einverstanden ist. Ebenso gelten strikte Zimmerzeiten sowie die Regel, dass man das Handy über den Mittag nicht bekommt, wenn man aus diversen Gründen nicht am Programm teilnimmt.

Für Patient*innen mit Essstörungen gibt es noch einige zusätzliche Regeln in Bezug auf ihr Essverhalten. Diese werden individuell mit den Patient*innen abgemacht. Es gibt jedoch auch einige allgemeine Regeln für Patient*innen mit Essstörungen: Grundsätzlich muss immer von allem gegessen werden, was auf dem Tisch steht, selbst wenn man es nicht mag. Man hat die Möglichkeit, beim Eintritt drei Nahrungsmittel anzugeben, welche man überhaupt nicht mag. Diese muss man dann auch nicht essen, sofern es keine Grundnahrungsmittel sind. Bei mir waren diese drei Lebensmittel Pilze, Lachs und Spinat. Leider gibt es aber auch noch einige anderen Nahrungsmittel, welche ich zwar etwas lieber mag als diese drei, welche mir aber auch alles andere als schmecken. Diese musste ich jedoch trotzdem essen. Das in meinen Augen Ekligste, was ich einmal essen musste, war Maissalat. Danach hatte ich noch den ganzen Abend über den Geschmack davon im Mund.

Ich durfte von Anfang an meinen Teller selbst schöpfen und musste die Betreuung (vor allem am Anfang) einfach immer kontrollieren lassen. Bei anderen Patient*innen wird der Teller direkt in der Küche geschöpft und serviert. Weiter darf während dem Essen nicht dauernd aufgestanden werden und das Essenstempo sollte ebenfalls im normalen Bereich liegen. Was ein normales Essenstempo ist, unterliegt jeweils der Einschätzung der jeweiligen Betreuungsperson.

Während meines ganzen Psychiatrieaufenthalts war die Medienregel die einzige Regel, welche ich nicht immer ganz konsequent einhielt. Ich tat dies nicht, weil ich zum Beispiel am Abend länger gamen wollte, sondern weil jeweils so spannende Fussballspiele oder Skirennen liefen, die ich unbedingt zu Ende schauen musste. Deshalb kam es hie und da mal vor, dass ich unter dem Vorwand, etwas für die Schule zu tun, Sport schaute.

Ansonsten hatte ich nie Probleme mit den Regeln, nicht einmal mit den Essensregeln. Die Betreuung musste mich die ganze Zeit über kein einziges Mal darauf hinweisen, dass ich mir zu wenig essen geschöpft hatte und ich habe auch nie versucht, Essen heimlich verschwinden zu lassen. Ich glaube, dass dies ein weiteres Zeichen dafür ist, dass es für mich selbst in den allerschwierigsten Momenten nie in Frage kam, dass ich diesen Kampf nicht gewinnen werde. In meinem Kopf sah es in diesen Momenten vielleicht gerade etwas anders aus, doch ein Teil von mir hat immer weitergekämpft.

Weihnachten

Doch zurück zur Projektwoche. Nachdem ich also Sport geschaut hatte, war ich auch noch ein paar Minuten an der frischen Luft, was dazu führte, dass es mir am Abend deutlich besser ging.

Am letzten Tag der Projektwoche lief Vieles besser. Mit dem Kerzenmachen stand eine Aktivität auf dem Programm, bei der ich teilnehmen durfte. Zudem hatte ich endlich wieder zugenommen und hatte sogar noch die Möglichkeit, mit Sabrina zu sprechen. Sie ist eine Betreuerin, welche die Stellvertretung als meine Bezugsperson für Andrin übernahm, der zurzeit in den Ferien war. Ich erzählte ihr, dass ich mich in den letzten Tagen sehr unwohl fühlte in meinem Körper, obwohl es mir anfänglich so gut ging. Sie sagte, dass dies zum Prozess dazugehöre und ganz normal sei. Dies machte mir etwas Mut, auch wenn es in dem Moment schwierig zu glauben war. Ebenfalls sprach ich mit ihr über meine Angst, nach Hause zu gehen. Auch in diesem Bereich konnte sie mir weiterhelfen, indem sie mit Mama telefonierte und ihr von meinen Bedenken erzählte, weil es für mich sehr schwierig war, darüber zu sprechen. Ebenfalls sagte sie mir, dass ich jederzeit ohne schlechtes Gewissen zurückkommen könne, wenn es mir zu Hause nicht gut ginge. Ob dieses Gespräch mir auch wirklich weiterhalf, würde direkt am nächsten Wochenende auf die Probe gestellt werden, denn es war Silvester.

Wird Silvester besser als Weihnachten?

Silvester war deutlich besser als Weihnachten. Oder doch nicht? An Weihnachten hatte ich einen guten und einen sehr schlechten Tag. An Silvester hatte ich zwei Tage, welche geprägt von Stimmungsschwankungen waren, die wahrscheinlich jeder schwangeren Frau Konkurrenz gemacht hätten. Doch was war nun besser?

Fangen wir mal ganz von vorne an. Der 31.12. startete sehr gut. Den Vormittag über verbrachte ich in der Psychiatrie und war so entspannt wie seit Längerem nicht mehr. Weil nur wenige Leute da waren, kamen wir auf die Idee, zum Mittagessen Döner zu bestellen. Natürlich wollten nicht alle, doch die die wollten, konnten. Ich habe meinen Döner sehr genossen, denn es war der erste seit Langem. Ich hatte auch fast kein schlechtes Gewissen danach, oder zumindest nicht mehr als sonst auch.

Nach dem Mittag wurde ich abgeholt und bekam plötzlich Panik. Was, wenn es wieder so wird wie Weihnachten? Ich wollte zuerst gar nicht nach Hause gehen, ging dann aber trotzdem. Der Nachmittag verlief auch ganz gut. Ich war abgelenkt, weil wir Spiele spielten und noch Besuch hatten. Doch als ich mal einen kurzen Moment nicht abgelenkt war, bekam ich wieder Panik und daraus entstand dann eine Krise.

Man kann sich diese Entstehung einer sogenannten Krise so ähnlich vorstellen, wie wenn jemand sagt, man soll nicht an einen pinken Elefanten denken. Woran denkt man dann als erstes? Natürlich, an einen pinken Elefanten. Ich hatte also so grosse Angst davor, eine Krise zu bekommen, dass ich an nichts anderes denken konnte als daran, eine Krise zu bekommen.

Der Abend wurde dann aber gerettet, weil wir wiederum Besuch erhielten. Ich war wieder abgelenkt und es ging mir besser. Dann gab es Abendessen, wir schauten traditionell «Dinner for one» und assen später Dessert. Ich ass ebenfalls vom Dessert, was ein gemischtes Gefühl in mir auslöste. Als es dann fast Mitternacht war, kam zu meinen sonstigen negativen Gedanken auch noch die Müdigkeit dazu, was dann dazu führte, dass ich nach Mitternacht direkt schlafen ging. Ich wollte am liebsten schnell einschlafen und nie wieder aufwachen. Denn obwohl der Abend zwar ganz okay war, hatte ich es satt, ständig Stimmungsschwankungen zu haben und immer gegen die Stimme in meinem Kopf ankämpfen zu müssen. Doch natürlich erwachte ich am nächsten Tag wieder und der Kampf ging weiter.

Gegen Mittag war ich auch schon wieder zurück in der Psychiatrie und nahm mir fest vor, dass das neue Jahr, das Jahr 2023, besser werden soll als das Jahr 2022. Ich schwor mir, dass ich, egal was passieren würde, nicht aufgeben würde und diese Krankheit besiege. Dann tat ich etwas, was mir von da an die ganze Zeit über sehr geholfen hat und was ich auch jeder Person, welche gerade eine schwierige Zeit durchmacht, wärmstens empfehlen kann: Ich schrieb eine Liste mit etwa 20 Dingen, die ich in diesem Jahr erreichen oder machen will, damit ich mir in schwierigen Momenten vor Augen führen kann, weshalb es sich lohnt, gesund zu werden. Auf dieser Liste standen ganz verschiedene Dinge. Es standen Ausflüge drauf, die ich machen möchte, zum Beispiel ein Spiel des FC Zürichs zu besuchen. Oder Ziele, die ich erreichen möchte, zum Beispiel ein Tor zu schiessen oder einen Handstand zu lernen. Viele Dinge waren auch ganz kleine Sachen, wie dem Sonnenaufgang von einem Berg aus zuzusehen oder morgens in einem See zu schwimmen. Zu guter Letzt beinhaltete die Liste noch meinen etwas speziellen Wunsch, auf ein Fest zu gehen und mich richtig zu betrinken. Mit meiner Krankheit war es nämlich unmöglich, sich zu betrinken, denn alkoholische Getränke sind somit das Ungesündeste, was es gibt. Es war für mich schon schwierig, ein wenig von diesen «toxischen Flüssigkeiten» zu konsumieren, geschweige denn so viel, dass ich davon betrunken geworden wäre.

Ich habe also die nächste Zeit immer, wenn die Krankheit mir gerade wieder stärkere Probleme bereitete, diese Liste zur Hand genommen und mir klar und deutlich vor Augen geführt, wofür ich die ganze Zeit über kämpfte.

Über ein Jahr später kann ich mit Stolz sagen, dass ich die meisten dieser Ziele erreicht habe (sogar das Letzte).

Kommen wir also zum Fazit von diesem Silvesterwochenende: Alles in Allem war Silvester etwas besser als Weihnachten, es hat zumindest ein besseres Ende genommen. Es gab mir auch ein besseres Gefühl, weil ich wusste, dass meine Silvester-Krisen an mir selbst lagen. Sie standen nur wenig im Zusammenhang mit meiner Familie und der Situation zu Hause. Mit dem neuen Jahr hatte ich auch wieder neue Motivation, weiterzukämpfen.

Die darauffolgende Woche war dann auch endlich wieder besser. Ich hatte wieder einen Stufenwechsel, was mir mehr Freiheiten gab. Zudem war Andrin zurück aus den Ferien, was mir auch ein wenig Sicherheit zurückbrachte, obwohl ich Sabrina auch sehr gerne mochte.

Das Highlight der Woche war allerdings am Wochenende, denn in Willisau fand das jährliche Hallenturnier statt, an welchem meine Fussballmannschaft auch teilnahm. Das Problem war aber, dass das Turnier erst am Abend war und ich eigentlich am Abend zurück in der Psychiatrie sein sollte. Deshalb fragte ich Andrin, ob es möglich wäre, zu Hause zu Abend zu essen, damit ich etwas länger dortbleiben könnte. Nach kurzer Absprache wurde mir dies genehmigt und ich freute mich riesig darüber.

Der besagte Tag war dann auch wirklich super. Ich schrieb in mein Tagebuch: «Heute war ein sehr guter Tag und ich hoffe, dass ich mich während schlechten Tagen an diesen Tag erinnern kann.»

Ich wurde um 12:45 Uhr von Mama abgeholt und wir gingen direkt ans Hallenturnier. Ich konnte bis halb neun dortbleiben, was zwar nicht zum Zuschauen des ganzen Turniers reichte, doch zumindest für die ersten drei Gruppenspiele und für das gesamten FF-19 Turnier, welches vorher stattfand. Willisau wurde schlussendlich, wie ich am nächsten Tag erfuhr, Dritter, was eine sehr gute Leistung war.

Es tat so gut, dort zu sein und meine Teamkameradinnen zu sehen. Es war sehr schön für mich, wie alle gefragt haben, wie es mir geht und wann ich wieder spielen kann, auch wenn ich die zweite Frage zu diesem Zeitpunkt noch nicht beantworten konnte. Natürlich schmerzte es ein bisschen, dass ich nicht selbst spielen konnte, aber es gab mir ein sehr gutes Gefühl und Sicherheit, dass ich auf dem richtigen Weg bin.

Die Folgewoche startete mit gutem neuem Schwung und sogar mit einem persönlichen Erfolg. Ich schaffte es nämlich, Hosen anzuziehen, welche ich vorher nicht anziehen konnte, weil sie mich in meinen Augen «zu breit» aussehen liessen. Doch dann verflog die gute Laune nach und nach, weil ich es satthatte, dass mir immer alles verboten wurde. Es heisst ständig «das darfst du nicht», «hier darfst du nicht teilnehmen», «du musst zu Hause bleiben» und so weiter. Am Schlimmsten war es, wenn sich die anderen, welche teilnehmen durften, darüber aufregten, dass sie teilnehmen mussten, während ich so gerne teilnehmen wollte und nicht durfte.

Ich spreche von all den Spaziergängen und Schulsporteinheiten, doch diese Woche auch noch ganz speziell vom Outdoor-Nachmittag, der am Montag stattfand. Dabei ist man den ganzen Nachmittag draussen und fährt mit dem Bus irgendwohin, geht da spazieren oder etwas anschauen und fährt dann wieder zurück. Währenddessen waren Melina und ich zu Hause und wollten Billiard spielen, doch es wurde uns verboten. Denn wenn man nicht am Programm teilnimmt, muss man in seinem Zimmer bleiben. Als ob ich freiwillig nicht am Programm teilnehmen würde! Ich war unglaublich wütend auf die Betreuung und auf diese, in meinen Augen unfairen,

Regeln. Es hiess immer, dass es eine Motivation für uns sein soll, doch was ist bitte motivierend, wenn man nichts tun darf? Heute weiss ich, dass die Regeln nur zu meinem Besten waren und die Betreuung auch nur die Regeln umsetzen musste. Ich kann es heute auch besser nachvollziehen, aber damals erschien es mir einfach nur hart und unfair.

Am Dienstag ging es mir dann weiterhin sehr schlecht, trotz Gewichtzunahme von genau einem Kilo. Auch die Therapie und das KTG änderten nichts daran. Ohne wirkliche Motivation ging ich dann auch noch zur Bewegungstherapie mit dem Wissen, dass diese ihrem Namen sowieso nicht gerecht werden würde und wir uns nicht bewegen würden. Doch erstaunlicherweise war die Therapie sogar ein bisschen aktiv. Wir dehnten uns und spielten danach Stadt-Land-Fluss. Danach ging es mir tatsächlich besser, wenn auch weiterhin nicht gut.

Metapher Kleiderschrank

Ein grosses Problem war, dass ich, selbst wenn es mir «gut» ging, nicht vollkommen entspannt war. Es fühlte sich so an, als wäre es lediglich eine Frage der Zeit, bis es mir das nächste Mal so richtig schlecht ging und ich konnte den eigentlich so guten Moment gar nicht wirklich geniessen. Um dies meiner Therapeutin, der Betreuung oder auch anderen Menschen aus meinem Umfeld zu erklären, benutzte ich gerne die Metapher eines Kleiderschranks. Ich sagte, mein Kopf sei wie ein grosser Schrank, indem alle meine schlechten Gedanken und Gefühle drin waren. Ging es mir gut, sei dieser Schrank geschlossen und mit einem Besenstiel verriegelt.

Doch je mehr Zeit verging, desto stärker wurde die Kraft, die auf diesen Besenstiel wirkte und schon bald reichte dieser nicht mehr, um die Tür zuzuhalten. Also musste ich mithelfen und den Schrank mit aller Kraft zudrücken. Dies wäre dann die Phase, in der ich zwar keine Krise hatte, es mir aber auch nicht gut ging. Ich musste mich dabei ständig konzentrieren, die Tür nicht loszulassen und nicht in eine Krise zu geraten.

Allen Bemühungen zum Trotz liess der Druck meistens jedoch nicht nach, sondern wurde noch stärker und stärker und mir ging irgendwann die Kraft aus. Ich bekam also eine Krise für unbestimmte Zeit. Danach löste sich der Druck im Schrank und der Besenstiel reichte wieder aus, um den Schrank zu verriegeln. Und dann ging es wieder von vorne los. Mit der Zeit gelang es mir zwar immer besser, die Phase mit der Krise zu überspringen und ich konnte direkt von der «Zudrücken-Phase» in die «Besenstiel-Phase» übergehen. Trotzdem verspürte ich eine ständige Angst, dass ich dem Druck nicht standhalten konnte. Diese ständige Angst und die Konzentration brauchten auch unglaublich Kraft und hielten mich davon ab, in guten Momenten wirklich glücklich zu sein.

Schritt für Schritt zum Ziel

Nach etwas mehr als einem Monat voller Hochs und Tiefs, hatte ich am 11.1.2023 meinen ersten Standort. Der Standort ist ein Gespräch zwischen dem Kernteam, der Leitung der Psychiatrie, den Eltern und dem*der Patient*in, wobei besprochen wird, was in der letzten Zeit so passiert ist. In der Regel haben die Jugendlichen so alle 4-5 Wochen einen Standort. Es wird erzählt, was gut lief, was weniger und wie es weitergehen soll. Die Jugendlichen müssen dann auch noch ein paar Fragen beantworten und Rückmeldungen geben und zum Schluss bekommen auch noch die Eltern die Möglichkeit, Fragen zu stellen.

Dieser Standort-Termin ist unter den Jugendlichen nicht so beliebt und deshalb freute ich mich auch nicht grossartig auf diesen Termin. Vor allem, weil als Nachmittagsaktivität ein Besuch im Gletschergarten auf dem Programm gestanden wäre, an dem ich sogar hätte teilnehmen dürfen, aber worauf ich aufgrund des Standorts verzichten musste. Nach dem Termin konnte ich auch gut verstehen, weshalb die Jugendlichen diesen nicht so mögen. Es ist ein sehr komisches Gefühl, wenn alle über einen sprechen und man die ganze Zeit über angeschaut wird. Ich fühlte mich jeweils fast ein bisschen wie ein Affe im Zoo.

Obwohl ich mich nicht gerade wohl fühlte, verlief mein Standort gut. Es würde in nächster Zeit auch keine Änderung geben, weil bisher alles so einigermassen nach Plan lief. «Nach Plan» bedeutet zwar nicht, dass alles immer super klappte und ich nie Schwierigkeiten hatte, doch es bedeutet, dass die versuchte Therapieart funktionierte und ich kontinuierlich Fortschritte machte.

Das Tolle am Standort ist, dass man danach mit den Eltern nach Hause gehen darf und den ganzen restlichen Tag mit ihnen verbringen kann. Inzwischen war auch meine Angst vor dem Nach-Hause-gehen viel kleiner geworden, weshalb ich mich darauf freute, meine Familie zu sehen. Weil ich in der letzten Woche auch nach Plan zugenommen hatte, durfte ich sogar gemeinsam mit meiner Familie zu Abend essen. Auf meinen Wunsch hin assen wir bei Subway und ich genoss es sehr.

In den Folgetagen versuchte ich auch mein Hosen-Problem in den Griff zu kriegen, weil ich es satthatte, immer dieselben Hosen anziehen zu müssen. Ich versuchte also vermehrt andere anzuziehen und für ein paar Stunden zu tragen. Danach zog ich wieder Hosen an, in welchen ich mich wohl fühlte und wiederum einige Zeit später versuchte ich nochmals die anderen. Dies funktionierte erstaunlich gut und war ein weiterer kleiner Sieg im Kampf gegen die Anorexie.

Als ich dann am folgenden Freitag wieder wiegen musste, hatte ich wieder abgenommen, und zwar ganze 600g. Das klingt zwar paradox, doch gleichzeitig hatte ich dabei ein weiteres Erfolgserlebnis. Denn zum ersten Mal habe ich mich wirklich nicht darüber gefreut, abzunehmen. Zum ersten Mal war der gesunde Teil von mir wirklich stärker und ich versuchte nicht nur, mir dies einzureden. Ebenfalls fand ich es auch irgendwie cool, dass ich so viel essen kann, ohne dabei zuzunehmen.

Nach dieser positiven Woche folgte am Samstag eine weitere Herausforderung, die ich gewillt war zu meistern. An diesem Tag fand ein weiteres Hallenturnier meines Fussballteams statt, diesmal allerdings nicht in Willisau, sondern in Küssnacht. Mein Ziel war es also, selbständig mit den öV nach Küssnacht zu gelangen, um dieses schauen zu gehen. Hier muss ich erwähnen, dass Zug- und Busfahren für mich damals sehr schwierig war. Ich fühlte mich immer sehr unwohl, vor allem, wenn es viele Leute hatte. Ich hatte ständig Angst, dass ich im falschen Bus sitze oder den nächsten verpasse. Kurz gesagt, was andere täglich tun, war für mich purer Stress. Trotzdem war ich gewillt, auch diese Herausforderung zu meistern und die Woche positiv abzuschliessen. Und schonmal vorweg, diese Reise war alles andere als langweilig.

Damit ich nach dem einminütigen Fussweg von der Psychiatrie zur Bushaltestelle den Bus zum Hauptbahnhof auch sicher nicht verpasse, lief ich 15 Minuten vorher ab. Während der Busfahrt hörte ich laut Musik, damit ich nichts um mich herum mitbekam und somit weniger gestresst war. Dies funktionierte auch sehr gut, bis ich am Hauptbahnhof ankam. Denn dort hat irgendeine Guggenmusik beschlossen, dass es eine gute Idee wäre, Mitte Januar am Hauptbahnhof aufzutreten, sodass es so viele Leute hatte, dass man fast nicht mehr durchlaufen konnte. Dank der unglaublichen Lautstärke dieser Musik konnte ich meine eigene Musik nicht mehr hören, was auch nicht gerade förderlich für mein Stresslevel war.

Trotzdem schaffte ich es irgendwann, meinen Zug zu finden. Doch bevor ich einstieg, stand ich bestimmt eine halbe Minute vor dem Eingang und kontrollierte mithilfe meines Handys, ob dies auch wirklich der richtige Zug auf dem richtigen Gleis war. Das muss wahnsinnig doof ausgesehen haben, doch ich war so konzentriert auf meine Mission, den richtigen Zug zu finden, dass mir dies gar nicht auffiel.

Nach der Zugfahrt musste ich in einen Bus umsteigen, den ich nicht auf Anhieb fand. Ich bekam schon wieder Stress, doch nach kurzem Suchen fand ich ihn schliesslich. Doch damit war das Problem nicht gelöst. Die Anzeigetafel im Bus, welche die Haltestellen anzeigen sollte, war nämlich defekt, was dazu führte, dass ich nicht wusste, wann ich aussteigen musste. Deshalb rannte ich bei jeder Haltestelle zum Fenster, um das Haltestellenschild entziffern zu können. Dabei sah ich einmal mehr wahnsinnig bescheuert aus, doch meine Methode funktionierte schlussendlich und ich fand den Weg zur Sporthalle.

Das Turnier verlief zwar aus sportlicher Sicht nicht ganz optimal, doch es war trotzdem sehr schön dort zu sein. Wiederum freute ich mich sehr darauf, wenn ich dann endlich wieder Fussball spielen kann.

Auch beim Nachhauseweg war ich wieder viel zu früh an der Bushaltestelle. Diesmal hatte ich auch kein Problem mit der nicht-funktionierenden Anzeigetafel im Bus, denn der Bahnhof war sowieso die Endstation. Auch das Umsteigen auf den Zug erfolgte problemlos und ich wurde schon fast etwas euphorisch. Doch zu früh gefreut…

Am Bahnhof in Luzern war die Hölle los. Es hatte noch mehr Leute als am Morgen und die Guggenmusik spielte immer noch. Ich versuchte unter grossem Stress, mir den Weg zur Bushaltestelle zu bahnen. Kaum angekommen, kam auch schon der Bus und ich stieg gemeinsam mit einer riesigen Menschenmenge ein. Im Bus konnte ich mich kaum bewegen, weil es so viele Leute hatte. Ich versuchte mich, zitternd vor Panik und Stress, an einer Stange festzuhalten und mich auf meine Musik zu konzentrieren. Doch im ganzen Trubel fiel mir gar nicht auf, dass ich den Bus in die falsche Richtung nahm. Als mir dies nach etwa drei Haltestellen auffiel, stieg ich völlig geschockt aus und suchte den nächsten Bus in die richtige Richtung. Zu meinem Glück sollte dieser schon in vier Minuten ankommen, doch, passend zu meiner turbulenten Reise, kam er nicht. Ich stand an der Bushaltestelle - es wurde inzwischen schon dunkel - hoffend, dass der Bus einfach nur einige Minuten Verspätung hatte. Während des Wartens kam eine Frau auf mich zu, welche eine geistige Behinderung zu haben schien und die ganze Zeit fluchte und auf den Boden spuckte.

Ich kann gar nicht in Worte fassen, wie froh ich war, als der Bus endlich kam. Ich vergewisserte mich, dass dieser in die richtige Richtung fährt, und stieg ein. Etwa 15 Minuten später erreichte ich mein Ziel und hatte meine Reise überstanden. Ich war stolz auf mich, dass ich es geschafft hatte, auch wenn sie etwas anders lief als geplant.

Den Abend konnte ich dann noch richtig geniessen, zumal ich Besuch bekam. Auch der nächste Tag verlief sehr gut. Ich konnte nach Hause gehen, ohne mich dabei gestresst zu fühlen.

Die nächste Woche startete nicht ganz so gut, wurde dann aber nach und nach besser. Ich hatte Therapie, welche aber das Gegenteil von dem bewirkte, was sie sollte. Während der Therapie ging es nämlich darum, mir vorzustellen, wie das Leben ohne Anorexie aussähe. Wir überlegten, was die Anorexie mir gibt und was sie mir wegnimmt. Vor allem darüber nachzudenken, was die Anorexie mir alles wegnimmt, machte mir sehr zu schaffen. Die Gedanken an all die verschwendete Zeit und die Dinge, die ich verpasste, machten mich traurig.

Ich konnte mich allerdings wieder motivieren, weil wir am Abend als Aktivität an das LiLu-Lichtfestival gingen. Eigentlich sind Lichtershows nicht so mein Ding und die halbstündige Show in der Jesuitenkirche war zwar eindrücklich, wurde aber nach einiger Zeit auch eher langweilig. Trotzdem war der Abend sehr schön. Ich hatte mit Andrin die Abmachung getroffen, dass ich den ganzen Abend dabei sein darf, dafür die Mittwochaktivität ausfallen lassen muss. Als die anderen beiden Anorexie-Patientinnen dann nach Hause mussten und ich dank meiner Abmachung noch bleiben durfte, war es das erste Mal seit langem, dass ich dasselbe tun konnte wie die nicht-anorektischen Patient*innen. Es zeigte mir, dass ich auf dem richtigen Weg war. Trotzdem taten mir die anderen beiden etwas leid und ich konnte gut mitfühlen, wie es ihnen gerade ging.

Am darauffolgenden Dienstag musste ich wie üblich mein Gewicht messen. Weil ich in der letzten Woche nur eine Gewichtszunahme von 400g hatte, passten wir den Essplan an.

Auch diesbezüglich bekam ich immer mehr Freiheiten, was mir immer mehr das Gefühl von Normalität zurückbrachte. Ich musste mich zwar nach wie vor strikt an den Essplan halten, doch ich hatte inzwischen die Möglichkeit, zwischen gewissen Dingen zu wählen. So konnte ich zum Beispiel, wenn «Joghurt» auf dem Plan stand, zwischen allen Joghurt-Sorten wählen, wohingegen anfänglich klar vorgegeben war, welches Joghurt es sein sollte.

Weil auch Andrin und Frau Bättig merkten, dass mir diese kleinen Freiheiten offenbar sehr dabei halfen, mich besser zu fühlen, liessen sie diese auch mehr und mehr zu. Ich bekam sogar die Erlaubnis, am Wochenende das Fussballspiel zwischen dem FC Luzern und dem FC Zürich zu schauen und schon wieder extern zu Abend zu essen.

Doch trotz, oder vielleicht gerade wegen, all den guten Nachrichten, liess die Kraft am Abend nach und ich wurde sehr müde. Wenn ich müde oder erschöpft war, wurde auch meine psychische Verfassung zunehmend schlechter. Dann fehlte nämlich meist die Kraft, um gegen die negativen Gedanken und Stimmen in meinem Kopf anzukämpfen. Dazu kam auch, dass ich dienstags immer Fussballtraining hätte, an dem ich offensichtlich nicht teilnehmen durfte, aber so gerne teilgenommen hätte. Inzwischen konnte ich mit solchen Situationen aber etwas besser umgehen. Ich wusste, dass es das Beste war, diese Müdigkeit und den aktuellen Gefühlszustand einfach zu akzeptieren und mich etwas abzulenken. Ich versuchte darauf zu vertrauen, dass es bald wieder besser wird. Glücklicherweise geschah dies schon am nächsten Tag.

Auf und Ab

Wer hätte es geahnt, nach einer sehr guten Phase, die auch erstaunlich lange anhielt, kam das Tief umso plötzlicher. Es fing damit an, dass eine Betreuerin erzählte, dass sie am Wochenende Skifahren geht. Dabei kam mir in den Sinn, dass meine Familie auch bald Skifahren geht, und zwar eine ganze Woche lang. Und wer durfte wieder einmal nicht mit? Genau, ich! Ich wusste dies schon länger, versuchte es jedoch immer zu verdrängen. Je näher diese Woche allerdings kam, desto schwieriger wurde dies und desto mehr begann es mich zu belasten. Auch ein Gespräch mit einer Betreuerin konnte mich nicht auf bessere Gedanken bringen. Ich war einfach so traurig und enttäuscht und wusste gleichzeitig, dass ich selbst schuld war und nichts daran ändern konnte.

Den Deckel auf meine demnach eh schon geknickte Stimmung setzten einmal mehr diese Verbote. Weil ich natürlich nicht am Sportunterricht teilnehmen durfte, wollte ich mich mit Billard spielen ablenken. Doch ich durfte nicht. «Wer nicht am Programm teilnimmt, darf auch nicht Billard spielen, sondern muss im Zimmer bleiben», hiess es. Dies machte mich unglaublich wütend. Ich hätte sofort am Programm teilgenommen, wenn ich gedurft hätte! Aber ich durfte nicht.

Irgendwann konnte ich mich wieder beruhigen, indem ich Zauberwürfel löste, doch wirklich gut, ging es mir an diesem, sowie am nächsten Tag nicht.

Dafür war am Samstag wieder «Action» angesagt, denn ich musste erneut selbstständig Busfahren. Also, um ehrlich zu sein, musste ich genau 15 Minuten Busfahren, wobei ich auch nur ein einziges Mal umsteigen musste, doch es hat gereicht, um ein ziemliches Chaos zu veranstalten.

Der Hinweg verlief reibungslos, denn ich wurde von meinem Bruder abgeholt und wir fuhren zusammen, um ein Fussballspiel seiner Mannschaft zu schauen. Den Rückweg musste ich dann allerdings allein antreten. Ich lief einmal mehr überpünktlich los, um den Bus auch ja nicht zu verpassen. Dies hätte auch super geklappt, wäre ich nicht auf der falschen Strassenseite gestanden. Natürlich habe ich dies auch erst gemerkt, als der Bus schon an mir vorbeigefahren war.

Glücklicherweise fahren die Busse in der Stadt so stetig, dass nur 15 Minuten später schon der nächste kam. Diesen konnte ich dann auch, auf der richtigen Strassenseite stehend, erwischen, sodass ich fast noch pünktlich zum Mittagessen zurück in der Psychiatrie war.

Nach dem Mittagessen musste ich schon wieder Busfahren, denn ich sollte selbstständig nach Hause gehen. Und nachdem ich mich auch etwa zweihundert Mal vergewissert hatte, dass ich diesmal auf der richtigen Seite der Bushaltestelle stehe, war es wirklich die erste einwandfreie, selbstständige Bus- und Zugfahrt in meinem Leben.

Den Schwung dieses erstmaligen Erfolges nahm ich gleich mit und konnte einen tollen Abend erleben. Wir gingen wie erwähnt das Fussballspiel zwischen dem FC Luzern und dem FC Zürich schauen, worauf ich mich sehr freute. Ebenfalls sehr schön war, dass ich einmal mehr auswärts zu Abend essen durfte. Das Spiel war sehr interessant und ausgeglichen. Es endete schliesslich 2:2 unentschieden.

Am Sonntag fasste ich einen Entschluss. Ich wollte damit beginnen, leichtes Krafttraining zu machen. Ganz allein, in meinem Zimmer. Ich wusste nicht, ob ich das durfte, wohl eher nicht, deshalb behielt ich dies auch für mich. Dieser plötzliche Entschluss hatte drei Gründe. Der erste war, dass ich, wenn ich irgendwann kein Sportverbot mehr haben werde, bereits einen kleinen Vorsprung haben würde und nicht ganz bei Null beginnen müsste.

Den zweiten Grund redete ich mir zum grössten Teil selbst ein. Ich dachte nämlich, dass ich mit Krafttraining auch etwas Muskeln aufbauen und so schneller zunehmen würde. Dies stimmt natürlich schon, was ich aber nicht bedachte, war, dass sich dabei meine «normale» Gewichtszunahme verlangsamt. Dies kam allerdings nicht wirklich zum Tragen, weil die Muskelmasse, welche ich durch dieses sehr im Rahmen gehaltene Training aufbaute, so gering war, dass es kaum Einfluss auf mein gesamtes Körpergewicht hatte.

Der letzte Grund war noch, dass ich wusste, dass ich irgendwann 60 Kilogramm wiegen muss. Es war allerdings nicht abgemacht, dass diese 60 Kilogramm nur Fettmasse sein mussten. Sollte ich also etwas Muskelmasse zunehmen, hiess dies gleichzeitig, dass ich etwas weniger Fettmasse haben musste.

Dies waren also die Gründe, weshalb ich die nächsten Tage und Wochen, täglich etwa 10 Minuten Krafttraining machte. Auch wenn sich so gut wie keine körperlichen Veränderungen bemerkbar machten, war es für meinen psychischen Zustand sehr gut, mal wieder so etwas wie Sport zu treiben.

Trotzdem war die nächste Woche ziemlich durchzogen. Es lief mal besser, mal weniger gut, doch immerhin betrug meine Gewichtszunahme ein Kilogramm, weshalb ich am Wochenende schon wieder zu Hause Abendessen durfte. Eine Woche später sollte ich auch den Stufenwechsel in die Stufe zwei schaffen.

Selbstverletzungen

Es war der darauffolgende Donnerstag. Die anderen Jugendlichen waren beim Sport, ich in meinem Zimmer. Ich löste Kreuzworträtsel und machte Zauberwürfel, um die Zeit irgendwie totzuschlagen. Es war kein super Tag, doch er war auch nicht ausserordentlich schlecht. Ein typischer Psychiatrie-Tag eben.

Ich wartete darauf, dass die anderen endlich zurückkamen, damit wir gemeinsam ein Spiel spielen oder sonst was tun konnten. Während ich so wartete, bekam ich plötzlich ein ganz komisches Gefühl. Ein völlig unbekanntes, unheimliches, aber irgendwie auch schönes und erlösendes Gefühl. Es war kein richtiges Gefühl, viel eher ein Drang. Ein Drang, mir selbst Schmerzen hinzuzufügen. Ich wusste, ich hatte eine Schere in meinem Etui. Eine Schere, die ich beim Eintritt nicht abgeben musste, weil ich nicht selbstverletzungsgefährdet sei, hiess es. Es stimmte auch. Nie hatte ich auch nur kurz darüber nachgedacht, mich selbst zu verletzen. Ich verstand nie den Gedanken dahinter, warum man seine psychischen Probleme lösen kann, indem man sich körperliche Probleme zufügt. Warum sollte ich noch mehr Probleme wollen? Ich sprach auch schon mit anderen Patient*innen darüber, welche schon einige Selbstverletzungen hinter sich hatten. Sie sagten, es sei ein schönes Gefühl. Ich verstand dies nicht und war auch froh darüber.

Doch an diesem einen späteren Nachmittag schien mir alles plötzlich so klar. Der Gedanke daran, mir selbst etwas anzutun, fühlte sich plötzlich gar nicht mehr fremd und absurd, dafür wohlig und richtig an. Ich verstand plötzlich den Sinn dahinter. Es geht gar nicht darum, psychische Probleme zu lösen, sondern sich mit dem körperlichen Schmerz vom psychischen abzulenken. Es geht darum, für einen kurzen Moment andere Probleme zu haben. Der Schmerz reisst einen zurück in die Realität.

Dass ich plötzlich diesen Drang hatte, machte mir Angst. Ich wusste, dass dies absolut nicht gesund ist. Ich hatte das Gefühl, nicht mehr ich selbst zu sein und mich nicht mehr unter Kontrolle zu haben. Ich bekam Angst vor mir selbst. Um mich irgendwie abzulenken und diesem Drang zu widerstehen, ging ich duschen. Es wurde allerdings nicht besser, sondern immer schlimmer. Ich wusste, wenn ich zurück in mein Zimmer gehe, nehme ich die Schere und tue mir etwas an. Deshalb blieb ich im Badezimmer. Ich wollte warten, bis es aufhört, doch es wurde nur immer schlimmer und schlimmer. Irgendwann begann ich an meinem Arm zu kratzen. Ich kratze immer mehr und mehr, bis er brannte und fast blutete. So fühlte es sich also an, Selbstverletzung.

Während dem Abendessen brannte mein Arm ein wenig, doch es war kaum etwas sichtbar. Und wie erwartet war es ein schönes Gefühl. Es fühlte sich so befreiend an, so normal, endlich einmal andere Probleme zu haben. Körperliche Probleme, solche, die andere auch haben.

Trotzdem wusste ich natürlich, dass so etwas nicht immer so «harmlos» ausgeht. Vielleicht bin ich das nächste Mal nicht mehr im Stande, mich von meiner Schere fernzuhalten.

Vielleicht werden solche Aktionen zur Gewohnheit. Das durfte auf keinen Fall passieren, da war ich mir sicher. Ich schwor mir, dass ich, sobald ich mich etwas beruhigt hatte, meine Schere der Betreuung abgeben werde, um mich vor mir selbst zu schützen.

Am darauffolgenden Tag gelang mir dies jedoch noch nicht. Im Allgemeinen war es ein schwieriger Tag. Es war schönes Wetter, was in mir den Drang auslöste, nach draussen zu gehen, das Wetter zu geniessen und vor allem Fussball zu spielen. Ich hatte durch das viele Essen und die Gewichtszunahme so viel Energie, die ich aber nicht loswerden konnte. Ich stellte mir vor, dass sich Tiere im Zoo genauso fühlen müssen.

Am Samstag, nachdem ich den Nachmittag und Abend mit meiner Familie verbringen konnte, schaffte ich es dann, mit Sabrina, einer Betreuerin, zu sprechen. Ich erzählte ihr von meinem Drang, den ich hatte, mir selbst etwas anzutun und gab ihr die Schere ab. Ich verschwieg ihr allerdings, dass ich mich tatsächlich ein wenig selbst verletzt hatte. Bis heute wissen nur meine Eltern und ich davon und ich wollte dieses Thema zuerst auch nicht Teil dieses Buches werden lassen. Ich musste mir dann aber eingestehen, dass es ein Teil meiner Geschichte ist und dass es wichtig ist, auch solche, schwierige Themen anzusprechen. Selbstverletzungen sind hässlich und gefährlich, aber es ist nichts, wofür man sich schämen muss. Es gehört (leider) zur Normalität und sollte kein Tabuthema sein.

Nach dem Gespräch mit Sabrina ging es mir zwar nicht besser, doch ich war froh, dass die Schere nicht mehr in meinem Zimmer war. Ich fühlte mich wohler und sicherer, für den Fall, dass so ein Drang erneut auftauchen sollte. Gut eineinhalb Jahre später kann ich mit Stolz sagen, dass dies meine erste und letzte Selbstverletzung war. Ich hatte später nie wieder einen solchen Drang, worüber ich sehr froh bin.

Auch der Lust, Fussball zu spielen konnte ich am nächsten Tag etwas entgegenwirken. Der Vormittag musste allerdings zuerst überstanden werde. Meine Familie war Skifahren und ich durfte nicht. Dies machte mich natürlich traurig. Zudem wurde meine Gewichtszunahme langsam sichtbar. Vor allem meine Oberschenkel wurden merklich massiger. Ich wusste, dass das gut war und auch so sein musste, doch gefallen hat es mir überhaupt nicht.

Der Nachmittag wurde dann aber besser, denn zu Hause konnte ich, wenn auch nur für fünf Minuten, mit dem Fussball jonglieren. Es fühlte sich an wie eine Erlösung. Es war ein unglaublich schönes Gefühl und ich konnte es weiterhin kaum erwarten, bis ich endlich wieder richtig spielen durfte.

Medikamente

Weil ich aber wusste, dass dies noch länger nicht der Fall sein würde, wurde die Situation immer schwieriger. Ich war nun fast zwei Monate in der Psychiatrie und hatte nicht mal die Hälfte meiner Gewichtszunahme geschafft. Auch meine Psyche hat sich kaum merklich verändert. Ich hatte zwar hin und wieder gute Momente, doch die Gedanken an das Essen, an Gewicht und Figur waren noch immer ständig präsent. Ich hatte das Gefühl, je mehr Mühe ich mir gebe, desto schlimmer wird alles. Je mehr ich zunehme, desto weniger Akzeptanz fühlte ich in Bezug auf meinen Körper. Allmählich liess die Kraft nach, ständig gegen diese negativen Gedanken und Gefühle anzukämpfen und somit auch die Motivation und der unbedingte Wille zur Genesung. Ich hatte Angst, dass ich den «Kampf gegen die Anorexie» sowieso verlieren werde und dachte deshalb, dass ich mir die ganze Mühe ersparen kann, wenn ich einfach gleich aufgebe. Ich wollte einfach, dass es aufhört. Der Schmerz, die Qual, der Kampf.

Solche Gedanken sind nicht selten im Zusammenhang mit psychischen Krankheiten. Um dem entgegenzuwirken, werden oftmals verschiedenste Medikamente verabreicht. Die meisten Medikamente wirken stimmungsaufhellend oder entspannend.

Mir wurden keine Medikamente verabreicht. Ich hatte Angst vor den Nebenwirkungen von solchen Medikamenten, genauso wie ich Angst davor hatte, abhängig zu werden. Ich versuchte mich in schwierigen Situationen anders zu entspannen, etwa mit Hilfe meiner Skills. Denn sollte ich eines Tages wirklich wieder gesund werden, müsste ich auch ohne Medikamente klarkommen. Trotzdem hatte ich ein sogenanntes Reservemedikament. Dies sollte mir nur im Notfall und auch nur mit meinem Einverständnis verabreicht werden.

An diesem schwierigen Tag, nachdem auch die Therapie und das Gespräch mit Frau Bättig mir nicht weiterhelfen konnte, bekam ich dieses Medikament. Truxal, hiess es. Eine unscheinbare, kleine, schwarze Pille. Ich willigte ein, diese zu schlucken, auch wenn ich Angst hatte. Ich dachte, schlimmer konnte es nicht mehr werden.

Doch falsch gedacht. Nach gut dreissig Minuten wurde ich so müde, dass ich einschlief und erst als ich fürs Abendessen gerufen wurde, wieder aufwachte. Nebst den negativen Gedanken war ich jetzt also auch noch müde und hatte Kopfschmerzen. Weil ich so spontan einschlief, trug ich auch noch meine Kontaktlinsen, was noch Augenbrennen und Schwindelgefühle draufsetzte. An meinen psychischen Leiden änderte sich dabei aber nichts. Es war also klar, dass dies meine erste und letzte Tablette war.

Auch der Stufenwechsel in die Stufe zwei änderte nichts an meiner getrübten Stimmung. Ach was, getrübt ist noch untertrieben. Ich fühlte mich schlechter denn je und es war weit und breit keine Stimmungsänderung in Sicht. Ich durfte dank des Stufenwechsels sogar mit auf den Spaziergang. Die frische Luft tat zwar gut, doch mir ging es danach immer noch sehr schlecht.

Einmal mehr erlöste mich dann die Bewegungstherapie aus meinem Tief. Ich weiss bis heute nicht, wie dies immer wieder passieren konnte, doch egal wie schlecht es mir auch gehen mochte, nach dieser Therapie ging es mir besser. Ich glaube ein Grund dafür war, dass in der Bewegungstherapie nicht versucht wurde, mit mir über meine Gefühle und Gedanken zu sprechen, denn dafür fehlte mir meistens die Kraft. Wir konnten selbst mitbestimmen, was wir tun wollten, und hatten Eigenverantwortung. Durch die leichte Bewegung und die Ablenkung vergass ich oft, worüber ich eigentlich so traurig war, und begann mich wieder vermehrt auf schönere Dinge zu konzentrieren.

Nachher hatte ich auch endlich wieder die Kraft, auszusprechen, was genau das Problem war. Ich redete lange mit Andrin. Ich lernte mehr und mehr, dass es gut sein kann, einfach mal über Probleme zu sprechen, auch wenn dadurch nichts an der Situation geändert wird. Einfach alles auszusprechen und loszulassen. Gar nicht den Sinn dahinter zu suchen, sondern es einfach zu machen. Dies ist ebenfalls etwas, was mir zu Beginn sehr schwer fiel, worin ich aber nach und nach besser wurde.

Ich erzählte Andrin also, was mich beschäftigte. Dass sich langsam körperliche Veränderungen aufgrund der Gewichtszunahme sichtbar machen. Dass ich weiss, dass diese normal und auch richtig sind, doch die ich trotzdem nicht akzeptieren kann. Dass ich nicht verstehe, weshalb es mir einmal so gut geht und dann wieder so schlecht. Dass mir manchmal einfach die Kraft fehlt, um zu kämpfen und dass ich so gerne endlich wieder Fussball spielen würde. Andrin konnte, wie schon erwähnt, nichts an meiner Situation ändern, doch es beruhigte mich, als er sagte, dass solche Gefühle normal seien. Und dass es ebenfalls normal sei, dass es mir manchmal gut und manchmal schlecht ginge. Ich versuchte mich also auf die guten Momente zu konzentrieren und mir diese in den schlechten Momenten vor Augen zu führen.

Überraschung!

Die guten Momente kamen auch wieder, sogar bereits am nächsten Freitag. Es stand Sportunterricht auf dem Stundenplan und zum ersten Mal durfte ich daran teilnehmen. Obwohl ich diesen Morgen zwar ein wenig abgenommen hatte, blieb ich in der Stufe zwei. In dieser Stufe darf man wählen, ob man donnerstags oder freitags mit zum Sport möchte. Da der Freitag-Sport länger dauert, erledigte sich diese Frage von selbst.

Nach mehreren Monaten ohne Sport rechnete ich damit, dass sich meine Kondition im Keller befindet. Doch erstaunlicherweise, oder, wie ich heute weiss, logischerweise war dem nicht so. Natürlich war ich nicht topfit, doch es waren Welten im Vergleich zu vor drei Monaten. Wir spielten sogar Fussball, was mich noch mehr freute, und ich fühlte mich so frei. Ich konnte endlich wieder einmal das tun, was ich am liebsten tue.

Die gute Laune und die Energie, die mir der Sportunterricht gegeben hatte, nahm ich mit durch den Tag. Sie half mir auch, den mühsamen Freitagnachmittag zu überstehen, bei dem man nichts tut, ausser das Zimmer zu putzen.

Das darauffolgende Wochenende war das erste Wochenende, bei dem ich offiziell (also ohne Sonderbewilligung) den ganzen Tag zu Hause bleiben durfte und die Hauptmahlzeiten ebenfalls zu Hause essen konnte. Ich fuhr mit Papa in ein Café und wir tranken etwas. Dabei erzählte er mir etwas, was mich vor Freude sogar etwas zum Weinen brachte.

Ich war schon lange ein Riesenfan der Fussballerin Julia Stierli des FC Zürich. Papa erzählte mir dann, dass er sie bezüglich «meines Falls» kontaktierte und sie fragte, ob sie vielleicht bereit wäre, mir einmal eine Nachricht zur Aufmunterung zu senden. Sie ging voll darauf ein und schenkte mir sogar ein signiertes Nati-Trikot von ihr. Ich war überwältigt vor Freude und konnte es kaum fassen, als wir ein paar Wochen später ein Spiel der FC Zürich Frauen gegen die FC Luzern Frauen besuchten und sie mir das Trikot überreichte. Ich konnte sogar noch kurz mit ihr reden, also sie redete, denn ich war nicht in der Lage auch nur einen vollständigen und grammatikalisch korrekten Satz von mir zu geben. Sie ist sehr sympathisch und eine super Fussballerin. Noch heute stehe ich in lockerem Kontakt zu ihr.

Das gesamte Wochenende verlief sehr gut. Ich war sehr froh, dass nach einer schwierigen Phase nun endlich wieder eine bessere zu kommen schien. Die neuen Freiheiten, die mir der Stufenwechsel gab, taten mir gut. Es war schön, einen ganzen Tag zu Hause bleiben zu können, auch wenn ich immer noch in der Psychiatrie übernachten musste.

Nach ebendieser Übernachtung durfte ich am nächsten Tag wieder nach Hause. Ich wollte jedenfalls vorher mit dem Bus die kurze Strecke bis zum Fussballplatz fahren, wo mein Bruder ein Spiel spielte. Dort sollte ich dann auf meine Eltern treffen und nach dem Spiel gemeinsam mit ihnen nach Hause fahren.

Ich musste also wieder selbstständig Busfahren. Action war also vorprogrammiert.

Zu Beginn lief alles reibungslos. Ich war wiederum 10 Minuten zu früh an der Bushaltestelle, stand an der richtigen Strassenseite, sogar das Umsteigen lief reibungslos. Ich fand die Endhaltestelle und wollte aussteigen, doch der Bus hielt nicht an. Ich verstand die Welt nicht mehr. Da fuhr mein Bus an der Haltestelle vorbei und hielt einfach nicht an. Der Bus war fast leer und ausser mir musste niemand dort aussteigen. Und da ich in meiner Hektik vergessen hatte, den Stopp-Knopf zu drücken, hielt der Bus nicht an. Ich stieg also bei der nächsten Haltestelle aus (dort hielt der Bus zum Glück) und lief den Weg zurück. Glücklicherweise war dies keine weite Strecke und ich kam noch fast pünktlich zu Spielbeginn an.

Als ich am Abend nach einem schönen Wochenendtag zurück in die Psychiatrie musste, war es das erste Mal, dass ich mir kurz wünschte, noch etwas länger zu Hause bleiben zu können. Doch der Gedanke daran, dass ich morgen Schule hätte, machte mich doch ganz froh, dass ich zurück in die Klinik konnte.

Weil ich auch diese Woche wieder fast ein Kilogramm zugenommen hatte, fielen nun auch Teile des Essplans weg. Als erster Schritt durfte ich nun immerhin beim Frühstück frei wählen, was ich essen wollte. Dies gab mir ein weiteres Stück Freiheit zurück, worüber ich mich sehr freute. Ebenfalls stand seither auch «Küche» auf meinem Stundenplan. Dabei durfte ich einmal pro Woche für etwa zwei Stunden in der Psychiatrie-

Küche beim Kochen helfen. Dies tat ich immer sehr gerne, denn kochen macht mir grossen Spass. Auch der Koch und die Köchin waren sehr nett und zeigten mir immer wieder neue Dinge.

Skiferien ohne mich

Die nächste Woche war durchzogen. Ich hatte gute und schlechte Momente. Im Generellen lässt sich sagen, dass es mir meistens dann gut ging, wenn ich draussen sein konnte oder irgendeine Form von Bewegung hatte.

Die grosse Herausforderung folgte aber eine Woche später, denn meine Familie fuhr in die Skiferien und ich durfte nicht mit. Die Ferien waren schon lange gebucht und ich war auch nicht wütend auf meine Familie, dass sie ohne mich gingen. Ich war einfach so traurig, weil die Skiferien immer eines der Highlights des Jahres für mich waren.

Solange ich abgelenkt war, ging es mir ganz okay. Doch sobald ich mal kurz Zeit hatte, musste ich ständig daran denken, was meine Familie gerade tut: «Jetzt sind sie dann bald da.», «Jetzt haben sie das Billett gelöst.» oder «Jetzt stehen sie bereits auf den Skiern.».

Weil meine Familie nicht zu Hause war, konnte auch ich am Wochenende nicht nach Hause. Trotzdem musste ich irgendetwas tun, um mich abzulenken. Da viele meiner Hosen mir langsam zu eng wurden und ich mich darin nicht mehr wohlfühlte, beschloss ich, mir neue Hosen kaufen zu gehen. Ich mag es sehr, allein Kleidung zu kaufen, weil ich dann nie das Gefühl habe, von anderen beeinflusst oder gestresst zu werden. Ich kann auch zehn Minuten in der Umkleidekabine stehen und mir hundert Mal überlegen, ob mir diese Hosen nun gefallen oder nicht, ohne dass ich den Druck habe, mich entscheiden zu müssen, weil jemand auf mich wartet. Ich ging also in mehrere

Geschäfte und probierte verschiedenste Hosen. Dazwischen kaufte ich mir noch etwas zum Mittagessen.

Der Tag war ein voller Erfolg. Als ich am Abend zurück in der Psychiatrie war, hatte ich zwei neue Hosen im Schlepptau, in denen ich mich wohl fühlte und die mir gut gefielen.

Auch am zweiten Wochenendtag hatte ich wieder einiges auf dem Programm stehen, damit ich auch sicher keine Zeit habe, traurig zu sein, dass ich nicht Skifahren darf. Gemeinsam mit einer Freundin ging ich nach Zürich, um den FCZ-Match zu schauen. Auch dieser Tag war sehr schön, wäre da nicht diese eine Sache gewesen: Auf dem Nachhauseweg bekam ich eine Nachricht von Mama, dass ich ihr, sobald ich zurück sei, anrufen sollte. Es sei etwas wegen Papa. Ich machte mir grosse Sorgen und diese waren, wie sich herausstellte, auch berechtigt. Papa baute einen Skiunfall und musste mit dem Schlitten abtransportiert werden. Er hatte eine Gehirnerschütterung und eine Schulterprellung und war nun im Spital. Für ihn waren die Skiferien also ebenfalls gelaufen, doch glücklicherweise ist nichts Schlimmeres passiert. Trotz allem hatte er Glück im Unglück. Für meine Mutter war die Situation auch alles andere als einfach. Durch den Stress wurde sie krank. Es waren also für die gesamte Familie keine wirklich tollen Skiferien.

Mir ging es währenddessen allerdings erstaunlich gut. Ich hatte zwar Mitleid mit Papa und auch mit Mama, doch wahrscheinlich war es für mich einfacher, wenn ich wusste, dass meine Familie die Ferien auch nicht wirklich geniessen konnte. Dies ist zwar etwas unfair, aber ich tat dies ja nicht bewusst.

Da auch meine Gewichtszunahme wieder stimmte, wurde der Essplan weiter verkürzt. Nebst dem Frühstück durfte ich nun auch beim Znüni und beim Zvieri selbst bestimmen, was ich essen wollte. Doch das Highlight des Tages, nein wahrscheinlich sogar meiner ganzen Psychiatrie-Zeit, war, dass ich die Erlaubnis bekam, ins Fussballtraining mit meiner Mannschaft zu gehen. Ich konnte das Training nämlich mit dem Schulsport abtauschen.

Ich war den ganzen Tag voller Vorfreude und auch etwas nervös. Als ich dann endlich ankam, war ich so glücklich. Ich kann gar nicht beschreiben, wie sich dies anfühlte. Wochen-, nein, monatelang habe ich auf diesen Moment gewartet und darauf hingearbeitet und nun war er endlich da. Es war so schön, alle wieder zu sehen und wieder Fussball zu spielen. Meine Kondition war zwar noch sehr schlecht, doch daran konnte gearbeitet werden. Das Training ging für meinen Geschmack viel zu schnell vorbei und ich musste auch wieder zurück in die Klinik.

Je mehr Zeit ich ausserhalb der Psychiatrie verbringen konnte, desto grösser wurde auch der Wunsch, bald austreten zu können. Anfänglich war das gar nicht so. Ich fühlte mich am wohlsten, wenn ich dort sein konnte, doch inzwischen engte es mich ein. Ich fühlte mich mehr und mehr fehl am Platz. Ich glaube, dass es ein gutes Zeichen ist, wenn man Austritt haben möchte.

Als die Skiferienwoche dem Ende entgegen ging und ich mich schon fast darüber freute, dass ich diese schwierige Woche so gut gemeistert hatte, kam dann doch noch der Tiefpunkt. Dazu muss ich sagen, dass ich vorhatte, für meine Familie Mittagessen zu kochen, wenn sie am Samstag von den Ferien nach Hause kämen. Ich hatte mir genau überlegt, was ich kochen wollte. Dann bekam ich jedoch den Anruf von meiner Mutter, dass sie bereits am Freitagabend nach Hause fahren werden. Somit war mein Plan zerstört. Ich versuchte mir nichts anmerken zu lassen, was mir so mässig gelang.

Als am Abend meine Cousine zu Besuch kam, erzählte ich ihr davon. Sie schlug vor, dass sie mich am Freitagnachmittag abholen könnte und wir dann gemeinsam Abendessen kochen können. Ich fand die Idee super und nachdem ich dies mit meiner Familie und mit der Betreuung abklärte, war die Sache fix. Ich ging voller Vorfreude schlafen, doch als ich am nächsten Morgen aufwachte, fand ich dieses Vorhaben plötzlich gar nicht mehr gut. Ich wusste gar nicht genau warum. Vielleicht weil meine Familie bereits wusste, was ich vorhatte zu kochen. Vielleicht hatte ich auch einfach Angst, dass es künstlich wird. Ich mag es einfach gar nicht, wenn mein Plan durcheinandergerät.

Nach dem Frühstück meldete ich mich bei der Betreuung, dass ich mein Vorhaben abbrechen will. Die Betreuerin verstand mich nicht so richtig und meinte aber, dass ich in der Pause anrufen könne. Dies tat ich dann auch und mein Vater wurde richtig wütend. Er sagte, dass ich damit klarkommen müsse, dass nicht immer alles nach Plan läuft.

Danach lag ich auf meinem Bett in meinem Zimmer und wusste nicht, was ich tun sollte. Eigentlich wollte ich nicht nach

Hause, erst recht nicht, nachdem Papa mich so wütend machte. Aber meine Eltern hatten jetzt damit gerechnet und auch meine Cousine wusste noch gar nichts von meinen Zweifeln. Ich wusste nicht, was ich tun soll. Zum ersten Mal stieg ich nach der Pause nicht ins Programm ein, sondern blieb einfach in meinem Zimmer. Ich redete mit einer Betreuerin, die mich auch besser verstand. Doch noch immer hatte ich keine Ahnung, ob ich nun nach Hause gehen sollte oder nicht. Nachdem ich mich etwas mit Zeichnen abgelenkt hatte, entschied ich mich dann dafür, trotzdem nach Hause zu gehen. Dies teilte ich auch meinen Eltern und der Betreuung mit, obwohl ich noch immer nicht vollständig glücklich mit dieser Entscheidung war.

Es stellte sich dann aber heraus, dass es richtig war, nach Hause zu gehen. Meine Cousine und ich kochten einen Hörnli-Eintopf und machten ein Schoggi-Mousse-Fruchtsalat Dessert. Ich glaube, meiner Familie schmeckte das Essen sehr. Auch meine Angst, dass die Situation künstlich wird, bewahrheitete sich zum Glück nicht.

Projektwoche Teil 2

Die zweite, und auch letzte, Projektwoche meines Aufenthalts war sehr viel interessanter. Da ich seit der letzten Projektwoche im Stufenplan zwei Stufen aufgestiegen bin, durfte ich an deutlich mehr Aktivitäten teilnehmen. Am Montag startete es damit, dass wir Figuren aus Ton bauten. Am Dienstag wurde es mit einem Besuch im Tierpark Goldau deutlich aktiver. Auch an diesem Abend durfte ich wieder ins Fussballtraining, was mich zusätzlich motivierte.

Leider wurde diese Freude bald getrübt, weil Sabrina während des Abendessens einen Neueintritt auf unsere Station ankündigte. Dies war an sich nichts Schlechtes, ich freute mich normalerweise auf die Neueintritte, doch diesmal war es anders. Bei diesem Neueintritt handelte es sich nämlich um jemanden, den ich bereits aus meiner Zeit vor der Psychiatrie kannte. Eine Person, mit der ich sogar schon zusammen eine Klasse besucht hatte und mit der ich mich, um ehrlich zu sein, nicht immer nur gut verstand.

Schon als ich vor einigen Wochen von einem möglichen Eintritt vernommen hatte, sprach ich die Betreuung darauf an. Es fiel mir sehr schwer darüber zu reden, trotzdem tat ich es, weil es mir wirklich sehr wichtig war. Ich teilte der Betreuung wie erwähnt mit, dass ich diese Person bereits kenne und sehr froh wäre, wenn sie auf die andere Station käme. Nebst dem, dass ich mich nicht so toll mit ihr verstände, fiele es mir auch schwer, Dinge aus meiner «Vor-Klinikzeit» mit Dingen meiner «Während-Klinikzeit» zu vermischen. Die Betreuung reagierte damals sehr verständnisvoll und meinte, dass es gut sei, dass ich es anspreche. Sie versicherten mir auch, dass ich mir keine Sorgen machen sollte und dass es eine Lösung gäbe, die für alle gut sei. Als ich dann von diesem Neueintritt erfuhr, war ich umso wütender. Ich fühlte mich von der Betreuung hintergangen. Während meines ganzen Aufenthalts hatte ich kein einziges Mal irgendeine Bitte an die Betreuung. Ich hielt mich immer an die Regel und versuchte keine Probleme zu bereiten. Jetzt hatte ich einmal, ein einziges Mal, eine Bitte. Einen Wunsch, dass doch bitte diese eine Person auf die andere Station käme. War das denn zu viel verlangt? Ich war so wütend, weil mir nur wenige Tage zuvor nochmal versichert wurde, dass ich mir keine Sorgen machen muss. Und jetzt das.

Als ich die Nachricht erfuhr, stand ich vom Tisch auf, ging in mein Zimmer und knallte die Tür zu. Es war während meines ganzen Aufenthalts mein einziger Wutausbruch gegenüber der Betreuung. Das einzige Mal, dass ich so richtig wütend war. Sabrina kam in mein Zimmer und wollte mit mir reden. Doch egal was sie sagte, es half nichts. Ich fühlte mich verletzt und hintergangen. Auf meine Frage hin, weshalb sie nicht auf die andere Station käme und jemand von dort zu uns käme, hatte sie auch keine wirkliche Begründung. Sie meinte nur, dass es Personenkonstellationen gäbe, die nicht funktionierten. Ich erwiderte, dass die Konstellation zwischen diesem Neueintritt und mir auch nicht funktioniere, doch ich fand kein Gehör. Ich ging ins Training, welches im Übrigen wiederum sehr schön war, und weigerte mich danach, zurückzugehen. Ich weinte die ganze Rückfahrt über, weil mich dieser Neueintritt so stresste.

Auch in der Nacht konnte ich kaum schlafen und der nächste Tag über ging es mir weiterhin schlecht. Als der Neueintritt dann kam, versuchte ich diesem gegenüber mir nichts anmerken zu lassen, doch innerlich kochte ich vor Wut. Ich nahm auch an keinen freiwilligen Aktivitäten mehr teil, sondern schottete mich in meinem Zimmer ab.

Immerhin war der nächste Tag der Projektwoche «Tagesurlaub-Tag». Das heisst, wir konnten den ganzen Tag nach Hause gehen. Ich war sehr froh darüber, doch als es am Abend darum ging, wieder zurückzukehren, ging meine Stimmung bergab. Meine Eltern versuchten mit mir zu reden, doch ich wollte nichts hören. Und vor allem wollte ich nicht zurück in die Psychiatrie. Deshalb beschloss ich kurzerhand, von zu Hause zu verschwinden. Dieser Stress um den Neueintritt führte auch dazu, dass ich mich in meinem Körper nicht einfach nur etwas unwohl fühlte. Nein, ich hasste ihn geradezu. Ich wollte meine anfänglichen 48 Kilogramm zurück. Da ich wusste, dass dies nicht geht, wurden die Suizidgedanken stärker denn je. Ich hatte es satt, alles. Den ständigen Kampf, das Gefühl mich unwohl in meinem Körper zu fühlen und jetzt auch noch dieser Neueintritt und die damit verbundene Wut auf die Betreuung.

Als ich mich nach einer Zeit etwas beruhigte, ging ich zurück nach Hause. Dies vorwiegend aus dem Grund, weil ich wusste, dass meine Eltern sich grosse Sorgen machten. Ich musste also zurück in die Psychiatrie, obwohl ich absolut nicht wollte.

Nicht einmal der nächste Tag, an dem wir bouldern gingen, konnte mich aufheitern. Und dies obwohl auf der Hinfahrt etwas Lustiges passierte. Im ziemlich vollen Bus redete ich mit einem anderen Patienten, weshalb wir nicht mitbekamen, dass alle anderen ausstiegen. Wir fuhren einfach weiter und merkten es erst, als eine andere Patientin anrief und fragte, wo wir blieben. Wir stiegen also hastig aus und erwischten glücklicherweise gerade einen Bus, der uns zurückbrachte. Trotz dieses lustigen Zwischenfalls konnte ich den Tag nicht geniessen. Zu gross waren die negativen Gedanken, wahrscheinlich durch den Neueintritt ausgelöst.

Natürlich merkte auch die Betreuung, dass es mir nicht gut ging. Als ich zum gefühlt tausendsten Mal zu erklären versuchte, weshalb ich mich unfair behandelt fühlte, verstand mich ein Betreuer endlich. Er sagte, dass es nicht in Ordnung sei, mir etwas zu versprechen und dies dann nicht zu halten. Endlich fühlte ich mich verstanden. Ich beschloss dann auch, mich nicht länger in meinem Zimmer zu verkriechen, nur wegen einer einzigen Person. Ich wollte ihr einfach so gut wie möglich aus dem Weg gehen.

Unerwartete Wendungen

Diese Überschrift bezieht sich nicht etwa auf eine unerwartete Wendung in meinem Alltag. Eher das Gegenteil war der Fall. Nachdem die Projektwoche vorbei war, war wieder normaler Alltag angesagt, der mich langsam etwas zu langweilen begann. Inzwischen gehörte ich zu den Patient*innen, die schon länger in der Psychiatrie waren und wusste deshalb schon sehr genau, was so ablief.

Unerwartete Wendungen waren aber trotzdem etwas, was mich in meinem Alltag stark beschäftige. Neben dem bekannten Problem, der Anorexie, war da nämlich noch etwas anderes. Etwas viel Kleineres und auch deutlich Unwichtigeres. Ein Problem mit unerwarteten Wendungen. Um dies besser zu verstehen, folgt hier ein kurzes fiktives Beispiel:

Meine Tante schreibt eine Nachricht, dass sie morgen um 14:00 Uhr kurz vorbeikommen wird. Ich sage zu und integriere dies in den Kalender in meinem Kopf. Jetzt schreibt meine Tante allerdings kurzfristig und teilt mit, dass sie erst um 16:00 Uhr kommen kann. Für sie kein grosser Unterschied, für mich schon. Nicht, weil ich um 16:00 Uhr noch was geplant habe, nein, einfach, weil es meinen Plan durcheinanderbringt. Eine unerwartete Wendung, die mich zu stressen vermag.

Weil solche Wendungen normal sind und im Alltag nicht selten vorkommen, versuchte ich nun gemeinsam mit meiner

148

Therapeutin, diesen mit mehr Gelassenheit entgegentreten zu können. Dabei versuchten wir, dass ich häufiger mit solchen Situationen konfrontiert werde, damit ich lerne, mit solchen umzugehen. Deshalb beschlossen wir, dass meine Therapie- und KTG-Termine in Zukunft nicht mehr angekündigt würden. Das heisst, dass einfach plötzlich jemand kam, mich holte und sagte, dass ich jetzt Therapie hatte. Die Idee war ganz gut, die Umsetzung weniger. Entweder verrieten sich die Lehrpersonen oder die Betreuung oder ich konnte mir selbst ausrechnen, wann sie stattfinden, weil diese Termine oftmals zur selben Zeit waren. Trotzdem funktionierte es ein paarmal. Ob es allerdings wirklich etwas an meinem Stress gegenüber unerwarteten Wendungen änderte, kann ich nicht sagen.

Standort, Musiktherapie und bald Austritt?

Am Mittwoch, dem 1.3.2023 hatte ich meinen zweiten Standort. Eigentlich sollte dies bereits mein dritter sein, weil die Termine normalerweise in monatlichen Abständen stattfinden, doch irgendwie schob sich mein zweiter Standort immer weiter hinaus. Darüber war ich auch nicht sonderlich traurig, denn dieser Termin gehörte wahrlich nicht zu meinen liebsten. Trotzdem verlief auch dieser Standort gut. Ich bekam vorwiegend positive Rückmeldungen, doch leider noch kein Austrittdatum. Damit hatte ich zwar gerechnet, doch insgeheim hätte ich mir bereits ein solches gewünscht. Weil ich es nicht bekam, wusste ich, dass ich nun mindestens bis zum nächsten Standort-Termin in der Psychiatrie bleiben musste.

Die Tatsache, dass ich nun neben der Bewegungstherapie auch noch an der Musiktherapie teilnehmen durfte, brachte etwas Abwechslung in meinen Alltag. Musiktherapie gefiel mir sehr gut, obwohl ich mir nicht sicher bin, ob sie etwas zu meiner Genesung beitrug. Wir konnten verschiedene Instrumente ausprobieren und auch der Lehrer war sehr cool.

Trotzdem fühlte ich mich nicht wirklich wohl – zum einen in meinem Körper und zum anderen auf der Station. Der Neueintritt, der mir so zu schaffen machte, verhielt sich zwar nicht so, wie ich es erwartet hätte. Im Gegenteil, die Person war sehr nett und wir redeten auch manchmal miteinander. Trotzdem fühlte ich mich nicht mehr gleich wohl wie vorher auf der Station. Immer mehr und mehr freute ich mich auf die Wochenenden, an denen ich nach Hause gehen konnte.

Ich konnte mich gut erinnern, wie die Wochenenden anfänglich purer Stress waren und ich nicht nach Hause wollte. Inzwischen waren sie das Highlight meiner Woche und es ging mir besser, wenn ich zu Hause war. Obwohl es in diesen Momenten schwierig war, dass ich mich nicht mehr so wohl auf der Station fühlte, war es schlussendlich gut. Denn dadurch wollte ich wirklich Austritt haben und war bereit, in meinen Alltag zurückzukehren und diesen zu meistern.

Am 7.3.2023 war es endlich so weit. Ich hatte meine 60 Kilogramm erreicht und musste nun nicht mehr zunehmen. Auch der Essplan genauso wie jegliche Sportverbote fielen weg, was mir ein weiteres Stück Freiheit zurückbrachte. Gleichzeitig schien es mir aber zu diesem Zeitpunkt gänzlich unmöglich, mich in diesem Körper, mit diesem Gewicht, irgendwann wohlzufühlen. Ausserdem hatte ich Angst, dass ich nun nicht aufhören kann zuzunehmen, weil mein Körper sich irgendwie daran gewöhnt hatte und ich einfach weiter zunehmen würde. Ich versuchte diese Ängste und negativen Gedanken zu verdrängen und mich auf das Positive zu konzentrieren. Die Hoffnung war gross, dass die Probleme sich mit der Zeit von selbst lösten.

Auch die Rückkehr in den Schulalltag war nun geregelt. Bis zu den Osterferien konnte ich tageweise von der Klinik aus zur Schule, um zum Beispiel Prüfungen zu schreiben. Nach den Osterferien würde ich mit sehr grosser Wahrscheinlichkeit

Austritt gehabt haben und konnte demnach den Unterricht wieder vollständig besuchen. Obwohl ich immer noch keine grosse Lust auf die Schule hatte, nahm ich dies gerne in Kauf, wenn ich dafür endlich austreten konnte.

Weil ich jetzt in Stufe eins war, durfte ich auch endlich wieder zu Hause übernachten, was ich am Geburtstag meines Bruders (dem 10.3.) zum ersten Mal tat. Es war sehr ungewohnt, das erste Mal seit mehreren Monaten wieder zu Hause in meinem eigentlichen Bett zu schlafen.

Weil es Freitag war, durfte ich auch noch das Wochenende zu Hause verbringen und es verlief sehr gut. Ich hatte nur einen kurzen Moment, in dem es mir schlecht ging, ansonsten konnte ich es aushalten oder sogar geniessen. Umso schwieriger war es dann aber, am Sonntagabend zurückzugehen. Ich hatte mein Zielgewicht erreicht, brauchte keine Hilfe mehr bezüglich des Essens, durfte Sport treiben und sogar mit der Schule war alles geregelt. Warum musste das denn so lange dauern, bis ich Austritt haben konnte?!

Am nächsten Tag durfte ich schon wieder nach Hause, musste aber zuerst noch in die Schule, um zwei Prüfungen zu schreiben. Alle meine Mitschüler*innen wiederzusehen war ein schönes Gefühl, aber auch etwas speziell. Am Abend durfte ich dann sogar noch ins Fussballtraining und obwohl es Konditionstraining war, hoffte ich, dass es noch lange nicht endete, weil ich nicht zurück in die Klinik wollte.

Fussball als Therapie

Ich war nun so gut wie geheilt. Körperlich war ich vollständig gesund und ich hatte auch wieder viel mehr Energie. Meine Kondition war zwar noch nicht vollständig zurück, doch ich war auf einem guten Weg. In meinem Kopf hatte sich auch einiges geändert. Ich schaute Essen nicht mehr als etwas Negatives an, sondern als etwas Schönes und Positives, etwas das notwendig ist und das man auch geniessen kann. In meinem Körper fühlte ich mich noch nicht vollständig wohl, doch es ging auch schon deutlich besser. Ich habe gemerkt, dass das, was mir momentan am besten dabei half, mich wohlzufühlen und mich so zu akzeptieren, wie ich bin, das Fussballspielen war. Deshalb waren auch meine Eltern bereit, mich öfters ins Training zu fahren und danach wieder zurückzubringen, wofür ich ihnen sehr dankbar war.

Ich bekam sogar die Erlaubnis, mein erstes Fussballspiel seit einer gefühlten Ewigkeit zu spielen. Ich freute mich so sehr darauf, wahrscheinlich zu sehr. Denn ich wurde krank und konnte deshalb nicht spielen. Immerhin konnte ich zuschauen gehen.

Als ich am nächsten Dienstag wieder wiegen musste, hatte ich einiges an Gewicht verloren und wog nur noch 58.5. Kilogramm. Das war zwar ziemlich krass, aber auch logisch, weil ich krank war und deshalb keinen Appetit hatte. Papa fand dies allerdings gar nicht logisch. Er meinte, dass ich das Kranksein als Ausrede benutzt hatte, um nichts essen zu müssen und dass jetzt alles wieder von vorne los ginge. Das machte mich sehr wütend. Es machte mich wütend, dass er mir nicht vertraute. Ich konnte nur vollständig gesund werden, wenn meine Eltern mir auch vertrauen, dass ich gesund bin. Wenn sie ständig denken, dass ich abnehmen will, wenn ich einmal etwas weniger Hunger habe, dann funktioniert es nicht. Dies teilte ich meinem Papa dann auch am Telefon mit und er versprach, sich Mühe zu geben.

Ich hatte Angst, dass ich aufgrund dieses Gewichtverlustes wieder in die Stufe zwei runterfalle, doch glücklicherweise war dem nicht so. Am darauffolgenden Freitag hatte ich auch bereits wieder fast ein Kilogramm zugenommen.

Nebst dieser erfreulichen Nachricht bekam ich sogleich noch eine zweite solche. Nämlich fragte mich Andrin, ob ich nach dem Austritt einer Jugendlichen, ihren Platz auf Station drei einnehmen will. Ich sagte sofort begeistert zu. Ich freute mich sehr darüber, nicht mehr so gefangen zu sein und etwas mehr selbst bestimmen zu können. Bereits am darauffolgenden Mittwoch konnte ich umziehen.

Die folgenden Tage waren schwierig. Ich hatte wieder grosse Mühe, meinen Körper so zu akzeptieren, wie er ist. Es gab zwar Momente, in denen es deutlich besser ging, doch leider immer noch viele solche, in denen ich keinen Ausweg mehr sah. Ich war oft verzweifelt und fragte mich, ob die inzwischen bereits dreieinhalb Monate in der Klinik überhaupt etwas gebracht hatten. Vor allem verstand ich auch nicht, dass ich zwischendurch immer wieder Tage oder sogar Wochen hatte, in denen es mir wirklich gut ging. Warum konnte das nicht einfach so bleiben?

Immerhin auf diese Frage habe ich heute eine Antwort. Zum einen ist es normal bei psychischen Krankheiten, dass es eine Berg- und Talfahrt ist. Manchmal fühlt man sich super und denkt, man hätte es geschafft, nur um kurze Zeit später wieder am Boden zerstört zu sein. Das sich diese negativen Momente aber in den letzten Wochen meines Aufenthalts allerdings so stark vermehrten, lag nicht nur an dieser Berg- und Talfahrt. Ich glaube der Hauptausschlagpunkt war der, dass es mir einfach langsam reichte. Ich hatte genug vom Psychiatrie-Leben. Der durchgetaktete Alltag, den ich anfänglich so mochte und der mir Sicherheit gab, wurde langweilig. Die strikten Regeln, die ich anfänglich brauchte, um durch den Tag zu kommen, führten dazu, dass ich mich eingeengt fühlte. Diese Gefühle, die Langeweile und die Isolation, hatten zwar nicht direkt etwas mit der Anorexie zu tun. Wenn mein Körper und mein Kopf allerdings gegen diese Probleme ankämpfen mussten, fehlte die Kraft, um gegen die Anorexie zu kämpfen. Dies führte dazu, dass es mir öfters schlecht ging, obwohl ich dem Austritt nahe war.

Meine Stimmung verbesserte sich wieder deutlich, als ich auf die Station drei wechseln durfte und somit etwas Freiheit und Selbstbestimmung zurückbekam. Deshalb beschloss ich auch, mich auf meinen hoffentlich baldigen Austritt vorzubereiten, indem ich mein Zimmer zu Hause etwas umgestaltete. Dadurch wollte ich eine Art Umbruch symbolisieren und somit klarstellen, dass die schwierige Zeit der Vergangenheit angehörte. Ich wollte nicht ständig in meinem Zimmer sein und mich daran erinnern, wie oft ich in meinem Bett lag und weinte und nicht mehr weiterwusste. Deshalb strich ich meine kleine Kommode neu, das Pult genauso wie das Bett bekamen einen anderen Platz und das Regal sowie der Kleiderschrank wurden neu eingeräumt.

Ein Tag, den ich stets sehr gerne mag und der auch an diesem Tag meine Laune hob, war der 1. April. Ich liebe es, anderen Streiche zu spielen und das tat ich auch an diesem Tag. Weil Samstag war, durfte ich nach Hause. Dort war ich zuerst allein und kochte Mittagessen für meine Familie. Gibt es denn überhaupt eine passendere Gelegenheit für ein paar April-Scherze? Ich denke nicht. Kaum hatte ich mich versehen, war das Getränk von Papa versalzen, Mamas Finken am Boden festgeklebt, für Nino ein leeres Geschenk verpackt, ein Klebestreifen am Wasserhahn befestigt, sodass es richtig spritzte, wenn man den Hahn aufdrehte und das Duschmittel mit Klarsichtfolie verschlossen.

Nach und nach schlugen die Streiche (fast) perfekt zu und jedes Mal wurde meine Freude darüber noch etwas grösser. Diese hielt den ganzen Abend über an und liess auch am nächsten Tag nicht nach. Denn endlich passierte etwas, worauf ich mich so lange freute, etwas, was stets meine Motivation war und was ich mir immer vorgestellt habe. Ich durfte wieder Fussball spielen. Kein Training, nein, ein richtiges Fussballspiel. Okay, es war nur ein Testspiel und ich durfte auch nur 45 Minuten spielen, aber ich durfte spielen. Als ich am Morgen aufwachte und meine Tasche packte, war ich ganz nervös. Die Vorfreude war riesig.

Als ich in der Pause eingewechselt wurde, freute ich mich sehr, auch wenn ich Aussenverteidiger spielte, was normalerweise nicht gerade meine Lieblingsposition ist. Zur Halbzeit stand es 3:2 für das gegnerische Team, am Schluss gewannen wir mit 5:4. Es gelang mir sogar, ein Tor zu erzielen und ich war auch sonst zufrieden mit meiner Leistung. Einfach an der Kondition musste ich noch arbeiten, aber das hatte ich nicht anders erwartet.

Als ich nach diesem großartigen Wochenende am Abend zurück in die Psychiatrie ging, hatte ich nicht gerade Lust darauf. Doch der Gedanke daran, dass ich nun auf Station drei lebte, machte es um einiges erträglicher. Zudem wusste ich, dass ich am nächsten Tag schon wieder nach Hause konnte, weil ich für die Schule nach Willisau ging. Wir hatten nämlich Themenmodule für die anstehende Maturaarbeit und erarbeiteten eine kleine Mini-Mata als Übung. Dies war der Moment, in dem ich den Entschluss fasste, als Maturaarbeit ein Buch mit dem Titel «Anorexie - Wenn Hunger zur Sucht wird» zu schreiben.

Als ich am Abend zurück in die Klinik kehrte, hatte Andrin eine fantastische Nachricht für mich bereit. Ich bekam nämlich mein Austrittsdatum! Bereits in eineinhalb Wochen, am 14.4.2023, konnte ich endlich wieder nach Hause ziehen.

Am nächsten Tag ging ich nochmals nach Willisau in die Schule, um das Mini-Mata-Projekt fertigzustellen. Je länger ich in der Schule war, desto schlechter wurde mein psychischer

Zustand. Ich begann wieder damit, mich mit allen anderen zu vergleichen und dachte, dass alle anderen viel schlanker als ich sind. Ich fand es unfair, dass ich zunehmen musste und andere, welche viel dünner sind, nicht.

Zurück in der Psychiatrie ging es mir nach wie vor nicht besonders gut, doch ich wollte mir nichts anmerken lassen. Ich hatte Angst, dass wenn es mir nicht gut geht, mein Austrittsdatum nach hinten geschoben wird. Die Betreuung merkte natürlich, dass ich mich unwohl fühlte, doch ich leugnete dies. Erst als ich am folgenden Tag Therapie hatte und auch von Frau Bättig auf meine schlechte Verfassung angesprochen wurde, brach es aus mir heraus. Ich erzählte ihr von meiner Angst, zurück in die Schule zu kehren und dass es mir schlagartig schlechter geht, sobald ich dort bin. Es tat gut, alles rauszulassen.

Am Nachmittag hatte ich kurz Zeit und ging eine kleine Runde joggen. Dies bewirkte Wunder. Ich war danach viel ruhiger und konnte klarer denken. Ich packte meine Sachen, denn am Abend durfte ich schon wieder zu Hause übernachten.

Das letzte Psychiatrie-Wochenende verbrachte ich vollständig ausserhalb der Psychiatrie. Gemeinsam mit einer anderen Familie fuhren wir nämlich über Ostern nach Dortmund, um ein Bundesligaspiel vom BVB gegen Union-Berlin zu schauen. Ich bekam eine Sonderbewilligung, damit ich zwei Tage am Stück ausserhalb der Klinik übernachten durfte.

Unsere Reise startete am frühen Morgen. Wir fuhren mit dem Auto nach Sursee und dann mit dem Zug bis nach

Dortmund. Die Reise dauerte fast acht Stunden. Am Abend gingen wir in eine Pizzeria Abendessen und am nächsten Morgen schauten wir uns etwas die Stadt an. Dortmund ist eine schöne Stadt, aber mehr auch nicht.

Dann gingen wir frühzeitig ans Spiel, um die einzigartige Atmosphäre zu geniessen. Was mich am meisten faszinierte war, dass es trotz den vielen Leuten, total friedlich war. BVB-Fans tranken gemeinsam mit Union-Fans Bier und wünschten einander ein gutes Spiel. Auch während des Spiels war die Atmosphäre unglaublich. Ich bekam Gänsehaut, als 80'000 Zuschauer «You'll never walk alone» sangen. Als der BVB das Spiel schliesslich mit 2:1 gewann, war im Stadion die Hölle los.

Am nächsten Tag fuhren wir mit dem Zug nach Köln, erkundeten die Stadt und fuhren am späteren Nachmittag zurück.

Dass es mir das ganze Wochenende gut ging und dies, obwohl ich während der Zugfahrten ruhig sitzen musste, gab mir ein gutes Gefühl. Es zeigte mir, dass ich bereit bin, meinen Alltag ohne fremde Hilfe zu meistern. Dass ich nun bereit für den Austritt bin.

Austritt

Am Mittwoch, zwei Tage vor dem Austritt, hatte ich das letzte Standortsgespräch, welches gleichzeitig auch das Austrittgespräch war. Ich durfte sagen, was ich gut fand und was weniger. Ich hatte nicht viel zu bemängeln. Das Einzige, was mich störte, war, als die Betreuung mir damals versprach, dass ich mir keine Sorgen wegen des Neueintritts machen muss, welchen ich von früher kannte. Danach hat die Betreuung aber nichts unternommen, was mich sehr wütend machte. Ansonsten fühlte ich mich von der Betreuung, aber auch von den Therapeut*innen und Lehrpersonen stets sehr gut behandelt und ich fühlte mich wohl, soweit dies möglich war.

Ich bekam sogar ein Austrittsgeschenk, worüber ich mich sehr freute, nämlich ein Fussball mit einem FCZ-Logo drauf.

Nach dem Gespräch durfte ich nach Hause und zu Hause übernachten. Als ich am nächsten Morgen mit dem Zug zurück in die Klinik fuhr, wusste ich, dass dies das letzte Mal ist. Es war ein schönes und befreiendes Gefühl, aber auch etwas komisch. Dieses Gefühl zog sich durch den ganzen Tag. Das letzte Mittagessen, das letzte Mal Schule, die letzte Therapie. Nach und nach verabschiedete ich mich von den Betreuer*innen und Psycholog*innen, denn diese würden beim morgigen Austritt nicht mehr anwesend sein. Ich packte alle meine Dinge ein, in der Hoffnung nichts vergessen zu haben. Dann ging ich schlafen, bevor ich am nächsten Morgen alles putzen musste.

Ein letztes Mal wiegen, 59.7. Kilogramm. Ich hatte es also so gut wie geschafft. Am Anfang waren diese 60 Kilogramm für mich unausstehlich, nicht mal vorstellbar. Jetzt hatte ich es geschafft, nicht nur körperlich, auch psychisch. Ich will nicht sagen, dass ich geheilt war, doch ich wusste, dass ich nie wieder abnehmen werde. Dass ich mein Gewicht würde halten können und stabil bleiben werde.

Dann war es 10:00 Uhr und der grosse Moment war gekommen. Die endgültige Verabschiedung. Nach und nach umarmte ich alle Patient*innen und wünschte ihnen weiterhin viel Kraft. Betreuer*innen, Lehrpersonen und Köch*innen gaben mir die Hand und wünschten alles Gute. Ich wusste, dass ich die meisten hier nie wieder sehen und wahrscheinlich auch vermissen werde. Doch die gesammelten Erinnerungen, welche ich gemeinsam mit so vielen tollen Leuten machen konnte, kann mir niemand mehr wegnehmen.

In den letzten Wochen hatte ich mir diesen Moment, den Austritt, so sehr herbeigewünscht. Jetzt war er da und ich war überglücklich. Trotzdem war und bin ich dieser Psychiatrie so dankbar, dass ich diese vier Monate und zwölf Tage dort verbringen konnte.

Hier endet mein Buch, was aber nicht heisst, dass mein «Kampf gegen die Anorexie» ebenfalls vorbei war. Das Leben war und blieb für mich eine tägliche Herausforderung, doch ich war motiviert, diese zu meistern. In dieser Zeit habe ich viele Hochs und Tiefs erlebt, ich war wütend, traurig, habe geweint, doch ich war auch glücklich, froh und habe gelacht. Auf jeden Fall habe ich unendlich kostbare Erinnerungen gesammelt. Die

Zeit auf dieser jugendpsychiatrischen Therapiestation ist jetzt vorbei, doch sie wird mir für immer in Erinnerung bleiben.

Fazit und Danksagung

Wir schreiben heute den 30. Juni 2024. Mein Austritt aus der Psychiatrie ist etwas mehr als ein Jahr her und seither geht es mir weitgehend gut. Ich halte mein Gewicht konstant und kann mein Leben leben. Das Essen ist nicht mehr ständiger Bestandteil meiner Gedanken und ich kann ohne schlechtes Gewissen essen, was ich will. Natürlich gab und gibt es nach wie vor Momente, in denen es mir schwerer fällt, mich selbst und insbesondere meinen Körper so zu akzeptieren, wie er ist. Inzwischen bin ich aber viel stärker als die anorektischen Gedanken und kann diese negativen Stimmen ohne grosse Anstrengungen ausblenden.

Ich bin sehr froh, dass diese Geschichte für mich ein so positives Ende nahm. Zu wissen, dass dies bei lange nicht allen Patient*innen der Fall ist, macht mich umso dankbarer und manchmal auch ein wenig stolz. Mir ist allerdings bewusst, dass ich diesen «Kampf gegen die Anorexie» niemals gewonnen hätte, wenn ich nicht Unterstützung von allen Seiten bekommen hätte. Es war überwältigend für mich, zu sehen, wie viele Menschen in irgendeiner Art mit mir kämpfen. Das hätte ich nie erwartet. Und deshalb möchte ich an dieser Stelle einfach mal DANKE sagen.

Als erstes möchte ich mich bei meiner Familie bedanken. Meine Eltern und mein Bruder, die stark unter dieser Situation litten, jedoch alles dafür gaben, dass ich wieder gesund werde. Ich bin ihnen unglaublich dankbar dafür. Natürlich geht auch ein grosses Dankeschön an alle meine Onkel, Tanten, Götti, Cousins und Cousinen, welche mir ständig aufmunternde Nachrichten schrieben oder mich besuchten und mich so stets motivierten, weiterzukämpfen.

Als nächstes möchte ich mich bei allen Betreuer*innen und Psycholog*innen bedanken, die mich auf meinem Weg zur Genesung begleiteten. Ohne professionelle Hilfe wäre ich heute sicher nicht da, wo ich bin.

Weiter möchte ich mich bei meinen Mitschüler*innen, sowie meinen Lehrer*innen der Kanti in Willisau, aber auch der psychiatrieinternen Schule bedanken. Sie machten es mir möglich, dass ich den Unterrichtsstoff mitarbeiten konnte und nach dem Aufenthalt nahtlos wieder in den Unterricht einsteigen konnte.

Ebenfalls sehr dankbar bin ich meinen Freund*innen aus verschiedensten Bereichen meines Lebens. Es war sehr schön zu wissen, dass ich Leute haben, die für mich da sind, wenn ich sie brauche.

Zu guter Letzt geht noch ein riesengrosses Dankeschön an mein Fussballteam, welches mich stets unterstützt hat. Fussball spielen zu können war immer meine Motivation. Dies natürlich wegen dem Fussball, aber auch dank einer unglaublich tollen Mannschaft.

Und dann noch vielen Dank an alle, welche hier nicht erwähnt wurden, aber mich in irgendeiner Art unterstützt haben. Vielen, vielen Dank!

Quellen

BzgA Essstörungen, .https://www.bzga-essstoerungen.de/was-sind-essstoerungen/arten/magersucht/#:~:text=Die%20Magersucht%20wird%20auch%20Anorexie,stark%20an%20Gewicht%20verlieren

Unispital Zürich, https://www.usz.ch/krankheit/magersucht/

MSD Manuals, https://www.msdmanuals.com/de/heim/psychische-gesundheitsst%C3%B6rungen/essst%C3%B6rungen/anorexia-nervosa

BZgA Essstörungen, https://www.bzga-essstoerungen.de/was-sind-essstoerungen/ausloesende-faktoren/#:~:text=Inzwischen%20sind%20sich%20die%20Experten,Einfl%C3%BCsse%20k%C3%B6nnen%20eine%20Rolle%20spielen.

MSD Manuals, https://www.msdmanuals.com/de/heim/psychische-gesundheitsst%C3%B6rungen/zwangsst%C3%B6rung-und-%C3%A4hnliche-erkrankungen/k%C3%B6rperdysmorphe-st%C3%B6rung

Schön-Klinik, https://www.schoen-klinik.de/koerperdysmorphe-stoerung

ard-1-gesund, https://www.ndr.de/ratgeber/gesundheit/Anorexie-Symptome-Ursachen-und-Behandlung-bei-Magersucht,magersucht145.html

Frauenärzte im Netz, https://www.frauenaerzte-im-netz.de/aktuelles/meldung/magersucht-ausbleiben-der-regelblutung-kann-dauerhaft-verbleiben/

Universimed, https://www.universimed.com/at/article/orthopaedie-traumatologie/%C3%B6strogenmangel-osteoporose-frauen-176270

Neurologen und Psychiater im Netz, https://www.neurologen-und-psychiater-im-netz.org/kinder-jugendpsychiatrie-psychosomatik-und-psychotherapie/stoerungen-erkrankungen/magersucht-anorexia-nervosa/therapie/)

Alle Quellen beziehen sich auf den April 2024

Anorexie – Wenn Hunger zur Sucht wird